职业技能等级认定培训教程

电子竞技员

（四级）

中国就业培训技术指导中心
人力资源和社会保障部职业技能鉴定中心 组织编写

中国劳动社会保障出版社

图书在版编目（CIP）数据

电子竞技员：四级 / 中国就业培训技术指导中心，人力资源和社会保障部职业技能鉴定中心组织编写 . 北京：中国劳动社会保障出版社，2024. --（职业技能等级认定培训教程）. -- ISBN 978-7-5167-6752-8

Ⅰ. G898.3

中国国家版本馆 CIP 数据核字第 2025TX4849 号

中国劳动社会保障出版社出版发行

（北京市惠新东街 1 号　邮政编码：100029）

*

北京华联印刷有限公司印刷装订　　新华书店经销

787 毫米 ×1092 毫米　16 开本　14.75 印张　237 千字

2024 年 12 月第 1 版　　2024 年 12 月第 1 次印刷

定价：59.00 元

营销中心电话：400-606-6496

出版社网址：https://www.class.com.cn

职业技能等级认定培训教程·电子竞技员
编审委员会

本书编审人员

主　编　彭　颖

副主编　黄子洋　郑煜凯　李晨楠

编　者　刘华倩　高　婷　赵　畅　何　玥　曹佳明　马代钏
童　罂　陈　莹　陈　默　张　豪　龚博文　马可欣

主　审　严　晨

前　言

为加快建立劳动者终身职业技能培训制度，全面推行职业技能等级制度，推进技能人才评价制度改革，进一步规范培训管理，提高培训质量，中国就业培训技术指导中心、人力资源和社会保障部职业技能鉴定中心组织有关专家在《电子竞技员国家职业技能标准（2020年版）》（以下简称《标准》）制定工作基础上，编写了电子竞技员职业技能等级认定培训教程（以下简称等级教程）。

电子竞技员等级教程紧贴《标准》要求编写，内容上突出职业能力优先的编写原则，结构上按照职业功能模块分级别编写。该等级教程共包括《电子竞技员（基础知识）》《电子竞技员（五级）》《电子竞技员（四级）》《电子竞技员（三级）》《电子竞技员（二级 一级）》5本。《电子竞技员（基础知识）》是各级别电子竞技员均需掌握的基础知识，其他各级别教程内容分别包括各级别电子竞技员应掌握的理论知识和操作技能。

本书是电子竞技员等级教程中的一本，是职业技能等级认定推荐教程，也是职业技能等级认定题库开发的重要依据，适用于职业技能等级认定培训和中短期职业技能培训。

中国就业培训技术指导中心

人力资源和社会保障部职业技能鉴定中心

序　言

电子竞技，作为人类进入数字时代的产物，随着科技进步与互联网发展，应运而生、迅速崛起。这一融合了智力与体力的竞技运动，以其高超的技能挑战、严谨的职业魅力，吸引了大量年轻人的参与，逐步发展成为跨行业、跨领域的新兴产业。

近年来，中国电竞产业迅猛发展，其生态结构已从单一的“体育经济”向“大文化”背景下的多样性“泛电竞”拓展，成为推动社会经济发展的新动能。同时，国际奥委会对电子竞技的高度关注和支持，以及杭州亚运会上电竞项目的出色表现，都进一步提升了电子竞技在国际上的地位和影响力。

“求木之长者，必固其根本。”在这样的背景下，中国率先将电子竞技员列入国家职业分类大典，向标准化、职业化、规范化迈进。这一举措具有全球创新引领意义，为电子竞技的健康发展提供了有力保障。受人力资源和社会保障部职业技能鉴定中心委托，由中国文化管理协会组织编写的《电子竞技员国家职业技能标准（2020年版）》，于2020年12月由人力资源社会保障部正式颁布，标志着电子竞技职业化进程迈入了高速发展阶段。

为了满足电竞行业对高素质人才的需求，中国文化管理协会受中国就业培训技术指导中心、人力资源和社会保障部职业技能鉴定中心委托，组织开发了电子竞技员职业技能等级认定培训教程。这套教程严格按照《电子竞技员国家职业技能标准（2020年版）》编写，力求内容全面规范，注重技能分级提升，满足就业岗位需要。

教程编写工作克服了职业内容复杂、岗位类型众多等困难，广泛征求了行业内外专家的意见和建议，历时近两年完成，为全球第一套电子竞技员职业技能等级认定培训教程。

教程结合我国电子竞技行业的实际情况，注重内容的科学性和实用性，既展现了全球化的国际视野，又体现了本土化的中国特色。特别是教程在编写过程中，强调从操作单一能力到综合管理能力的提升，将个人操作训练与团队操作训练相结合，旨在培养全面发展的现代电竞人，使其具备当今社会所需求的核心能力，如反应速度、战略眼光、团队协作能力和心理素质等。教程还注重规范从业人员的职业行为，提高从业人员职业素养、理论知识和实操水平，提升就业能力。同时，教程还服务于终身职业技能培训体系构建，为国家职业技能等级制度提供资源支持，促进职业技能培训的规范化和有效性。

党和国家一直非常重视职业技能培训促进就业工作。电子竞技员职业技能等级认定培训教程的正式出版，不仅为电子竞技员职业技能培训提供了统一的标准和规范，也为电竞相关专业和方向的学历教育、社会化职业技能培训、等级认定工作提供工具支撑，有效提高职业技能等级认定质量。相信这套教程的推广使用，将为推动电竞职业规范化发展、促进电竞专业人才培养、促生电竞工作岗位和机会、助力青年创业就业贡献力量。

作为从事电子竞技国际组织和行业协会工作的一员，我深感参与并负责电子竞技员国家职业技能标准和教程开发编写工作的责任重大、使命光荣。我希望通过这套教程，让更多的人了解电子竞技员的职业魅力与挑战，也期待更多的人加入到这一崭新的职业中来，共同推动电竞事业迈向更高更远的目标。

最后，我要感谢人力资源社会保障部、文化和旅游部、国家体育总局、教育部、中国文化管理协会等相关部门领导和专家对教程编写和出版的关心和指导，感谢腾讯、网易、完美世界等行业领军企业、全国各行业协会和单位的支持及贡献，更要感谢为这套教程付出巨大努力的编写者和参与者。同时，我们也真诚地欢迎业界专家、从业者和爱好者以及老师和同学们提出宝贵意见，以便今后不断充实和完善。

我相信，在大家的共同努力下，中国乃至全球电竞职业化的未来一定会更加美好！

王国基

全球电子竞技联合会中国顾问

中国文化管理协会副秘书长兼电子竞技工作委员会会长

目　录 CONTENTS

职业模块 1　电子竞技项目操作 …… 1

培训课程 1　个人技术训练 …… 3

学习单元 1　电子竞技行业发展现状 …… 3

学习单元 2　电子竞技项目类别及发展概况 …… 6

学习单元 3　电子竞技项目操作技巧 …… 17

课后练习 …… 32

培训课程 2　团队配合训练 …… 33

学习单元 1　电子竞技团队组成及其职责 …… 33

学习单元 2　电子竞技团队沟通 …… 38

学习单元 3　电子竞技团队操作技巧的配合 …… 42

课后练习 …… 47

培训课程 3　竞技实战提升 …… 48

学习单元 1　竞技状态的要求及调整 …… 48

学习单元 2　竞技情境下的电子竞技项目操作 …… 51

课后练习 …… 64

职业模块 2　电子竞技战术实施 …… 65

培训课程 1　战术针对性训练 …… 67

学习单元 1　竞技目标的实现方法 …… 67

学习单元 2　竞技战术的训练方法 …… 91

课后练习 …… 94

培训课程 2　赛时战术应用 …… 95

学习单元 1　竞技局面的概念 …… 95

学习单元 2　竞技局面的判断 …… 104

课后练习 114
培训课程 3 电子竞技素养提升 115
学习单元 1 心理调节 115
学习单元 2 情绪控制 121
学习单元 3 心理战术 126
课后练习 131

职业模块 3 电子竞技数据分析 133
培训课程 1 电子竞技数据采集 135
学习单元 1 电子竞技平台数据采集方法 135
学习单元 2 电子竞技数据采集媒体渠道 138
课后练习 145
培训课程 2 电子竞技数据分类与录入 146
学习单元 电子竞技数据的类型及录入 146
课后练习 150

职业模块 4 电子竞技活动表演 151
培训课程 1 个人品牌维护 153
学习单元 1 品牌内涵 153
学习单元 2 品牌战略 155
学习单元 3 个人品牌塑造与维护 159
学习单元 4 职业选手品牌规划与发展 174
课后练习 175
培训课程 2 商业活动表演 176
学习单元 1 电子竞技活动表演基础 176
学习单元 2 电子竞技活动观众需求分析 182
学习单元 3 电子竞技表演编排准备 185
课后练习 189

职业模块 5　电子竞技项目开发 …… 191
培训课程 1　电子竞技项目测试 …… 193
学习单元 1　电子竞技项目测试概述 …… 193
学习单元 2　电子竞技项目软件测试 …… 195
学习单元 3　电子竞技项目游戏性测试 …… 203
课后练习 …… 209
培训课程 2　电子竞技项目体验 …… 210
学习单元 1　电子竞技项目体验的意义 …… 210
学习单元 2　电子竞技用户体验关键要素 …… 213
学习单元 3　电子竞技项目用户体验管理 …… 217
课后练习 …… 222

职业模块 1 电子竞技项目操作

培训课程 1 个人技术训练

学习单元 1 电子竞技行业发展现状

一、电子竞技的发展历史

1. 电子竞技萌芽期：1962—1979 年

现阶段业内比较公认的第一款真正意义上的电子游戏是 1962 年计算机科学家史蒂夫·罗素和其同事使用计算机编写的“Spacewar”，如图 1-1 所示。1972 年，举办了一场关于“Spacewar”的竞赛，名为“Intergalactic Spacewar Olympics”。该竞赛在美国斯坦福大学人工智能实验室举行，是第一场电子竞技比赛，并且得到了滚石的赞助，获胜者可以得到滚石杂志提供的一年的免费订阅。

图 1-1 “Spacewar”电子游戏

2. 电子竞技缓慢发展时期：1980—1999 年

红极一时的雅达利公司成立于 1972 年，制作了大量成功的电子游戏。1980 年，雅达利举办了一场名为“太空侵略者”的大型竞技比赛，超过一万名玩家参赛，从此竞技游戏成了主流游戏品类。

1981 年，一名美国商人做了一个叫作双子星的系统。双子星是很长一段时间内最为权威的电子竞技员积分排行系统。

1982 年，美国特纳广播公司推出了首档电子竞技节目“星际游乐园”，推动了电子竞技在北美范围内的发展。

3. 电子竞技爆发时期：2000 年至今

20 世纪 90 年代的亚洲金融危机给韩国国内经济带来了沉重的打击，产生了数以百万计的失业人员。许多年轻人由于失去工作走进网吧，通过当时一款名为“星际争霸”的游戏打发时间。韩国电视节目制作人抓住商机制作了与这款游戏相关的电视节目。韩国不断地发展本国的文化产业等第三产业以恢复国家经济。1999 年，韩国为促进本国电子竞技的发展，建立了韩国电子竞技协会，于 2000 年创立了影响极大的 WCG 电子竞技盛会，每年吸引百万余人观看。

步入 21 世纪的中国也迎来了互联网的发展热潮，网络游戏的玩家逐渐增多。2001 年，马天元和韦奇迪在 WCG“星际争霸”项目中获得冠军，这是中国电子竞技的第一个世界冠军，由此掀开了中国电子竞技史的新篇章。

二、电子竞技在我国的发展现状

1. 电子竞技市场规模

据相关报告称，2021 年的中国电子竞技市场仍保持着高速的增长，2021 年整体市场规模超 1 650 亿元，增长主要来自移动电子竞技游戏市场和电子竞技生态市场的快速扩张，同比增长 13.5%。随着电子竞技赛事和电子竞技内容影响力的快速提升，电子竞技版权、赛事赞助、内容制作等电子竞技赛事商业化仍保持着较高的增速。电子竞技市场未来的增长驱动因素，来源于电子竞技入亚带来的体育化和商业化机会，以及元宇宙、Web3.0 等新兴业态和电子竞技结合带来的发展空间。

2. 电子竞技用户规模

我国电子竞技用户规模达到 5 亿人。目前，网络游戏已成为众多人居家休闲的主要方式之一，更多的电子竞技赛事开启线上赛，这都促使我国电子竞技核心用户规模不断壮大。

三、电子竞技未来发展趋势

1. 引领探索元宇宙

2021 年以来，元宇宙引发了社会的广泛关注，国内外的互联网行业巨头纷纷在相关领域加大投入，电子竞技也将是元宇宙重要的应用场景。元宇宙依托的区块链、NFT 等底层技术，云计算、物联网、数字孪生等后端基建和 VR、AR、MR 等前端设备，为电子竞技游戏、电子竞技赛事和电子竞技衍生内容的创新提供了更多可能性。电子竞技产业现有的商业模式有望在元宇宙中得到全面的革新，目前市场上已有相关的尝试与探索。

2. 加速融合线下文旅场景

电子竞技产业在我国的发展，最早主要集中在北京、上海、广州这些一线城市。现在有更多的地方政府出台一系列利好政策支持电子竞技产业发展，如资金支持、场地支持、生态支持等。

广东省、江苏省、上海市、福建省等省市对电子竞技产业的资金支持力度较大。广东省广州市发布《广州市天河区关于扶持游戏产业健康发展的实施意见》，对在辖内举办的奖金总额超过 100 万元的国际性顶级赛事、国际性 / 洲际性 / 全国性大型赛事、全国性中大型赛事的主办方，按照奖金总额度的 30% 给予支持，支持金额最高不超过 500 万元。江苏省苏州市印发《关于促进太仓市电竞产业健康发展的实施意见》，更是在企业、俱乐部、产品、人才培养、项目建设等多方面给予最高 500 万元的一次性奖励。

上海市静安区印发《静安区关于促进影视、电竞产业发展的实施意见》指出，重点发展“灵石路中国电竞中心”，促进电子竞技研发、比赛、交易、直播、培训等全产业链的发展。福建省印发《福建省促进电竞产业发展行动方案（2021—2023 年）》，全方位打造电子竞技赛事生态。我国的澳门特别行政区为推动当地旅游经济，吸引更多的人来澳，实行“旅游激励计划”，大力推动澳门当地的电子竞技相关赛事和活动开展。

电子竞技游戏和电子竞技赛事在线上获得了广泛关注，但电子竞技线上项目与线下场景的结合仍处于起步阶段。“电子竞技 + 文旅”是目前市场关注较多的话题，如何借助电子竞技为城市和传统文化赋能，需要电子竞技企业和社会合作伙伴的共同探索。和平精英项目与广州市城市宣传有机结合，除了落地多个电子竞技赛事外，还将海岛地图在广州大学城实景还原，打造线上线下联动的电子竞技社交空间。穿越火线项目与苏州市开展合作，双方在东方主题游戏版本推广、主题实景街区打造、电子竞技赛事融合城市特色等方面开启一系列跨界联动，实现传统文化与流行文化的衔接以及电子竞技 IP 与城市文旅 IP 的双向赋能。电子竞技融合线下文旅场景如图 1–2 所示。

a）

b）

图 1–2　电子竞技融合线下文旅场景

a）电子竞技内容与城市文化的有机结合　b）电子竞技 IP 与城市文旅 IP 的双向赋能

3. 向科技化、大众化发展

国际奥委会持续探讨五个国际体育协会及游戏厂商结合电子竞技制作棒球、帆船等奥林匹克虚拟系列赛，这说明电子竞技向体育产业的推进和转型升级。移动电子竞技的普及，校园电子竞技赛事项目和女子电子竞技赛事项目的快速成长，都在助力电子竞技的大众化传播。此外，技术的创新为电子竞技产业发展提供了新的动力，5G、AI、VR、AR、MR 等技术与电子竞技的结合将带来新的契机，在电子竞技的赛事内容、商业模式、用户体验等方面完成全方位升级。

学习单元 2　电子竞技项目类别及发展概况

一、MOBA 类

1. MOBA 类项目概述

MOBA，英文全称为 Multiplayer Online Battle Arena，中文为多人在线战术竞技游戏。

该项目的玩法是玩家通常被分为两队，两队在分散的游戏地图中互相竞争，在战斗中一般需要购买装备，每名玩家都控制所选的角色。不同于“星际争霸”等传统的即时战略游戏，MOBA 通常无须操作即时战略游戏中常见的建筑群、资源、兵种等组织单位，只控制自己所选的角色。

2. MOBA 类项目发展史

1998 年，“星际争霸”正式发行，暴雪娱乐公司第一次在暴雪娱乐制作并发行的游戏中绑定了地图编辑器。利用这款编辑器，有一名玩家制作出一张名为“Aeon of Strife”的自定义地图，这就是所有 MOBA 类项目的雏形。

2002 年，暴雪娱乐公司发布了一款即时战略游戏“魔兽争霸Ⅲ”，和“星际争霸”一样，玩家也可以在这款游戏中创作自定义的地图，如图 1–3 所示。2003 年，一名叫作 Eul 的地图编辑者受到“Aeon of Strife”地图的启发而创作了“Defense of the Ancients（DOTA）”的地图。不久之后，其他玩家也可以创作自己版本的地图，每名创作者都可以自己增加英雄、物品和其他防御设施。经过创作者们不懈的努力和更新，DOTA 最为成功，DOTA 也大体上奠定了后续 MOBA 类项目的基本框架，之后所有的 MOBA 类项目都或多或少借鉴过 DOTA 的设定。

图 1–3 “魔兽争霸Ⅲ”自定义地图

2009—2013年，英雄联盟、DOTA2两个游戏项目相继发布。这两款端游以较低的进入门槛和高强度的市场推广迅速吸引了大量拥趸，各自都对原有的MOBA体系进行了大量优化，成为现象级的游戏。紧接着，出现了像“王者荣耀”“决战！平安京”等MOBA类手机项目，这将MOBA类项目市场进一步扩大。

3. MOBA类项目主流赛事

主流的MOBA类项目赛事有DOTA2、王者荣耀、英雄联盟等赛事，见表1–1～表1–3。

表1–1　DOTA2赛事

名称		介绍
DOTA2赛事	DOTA2 Minor锦标赛	国际性的DOTA2职业联赛，成绩优秀的队伍将获得参加Major赛事的资格。Minor赛事在全世界各个城市巡回举办，一年举办数次
	DOTA2 Major锦标赛	国际性的DOTA2职业联赛，比Minor赛事等级更高，在全世界各个城市巡回举办，一年举办数次
	DOTA2国际邀请赛TI	DOTA2最高等级的国际性比赛，创立于2011年，每年举办一次，由维尔福集团主办，奖杯为荣膺奥斯卡奖的特效工作室——新西兰维塔公司的艺术家制作，设计灵感来源于挪威与中国。每一届冠军队伍及人员将记录在游戏泉水的冠军盾中，TI赛事宣传图如图1–4所示

表1–2　王者荣耀赛事

名称		介绍
王者荣耀赛事	王者荣耀职业联赛（KPL）	王者荣耀职业联赛是官方最高规格的专业晋级赛事，如图1–5所示，全年分别为春季赛和秋季赛两个赛季，每个赛季分为常规赛、季后赛及总决赛三部分
	王者荣耀甲级职业联赛（KGL，简称K甲）	王者荣耀甲级职业联赛是承接王者荣耀职业联赛和王者荣耀全国大赛的职业联赛，旨在为KPL持续输送优秀选手，促进王者荣耀职业电竞生态的稳定健康发展。KGL全年分春季赛和秋季赛两个赛季，每个赛季分资格赛和正赛两部分，其中正赛部分为季前赛、常规赛、季后赛及总决赛
	王者荣耀世界冠军杯（KCC）	王者荣耀世界冠军杯是官方最高规格专业晋级锦标赛，全年有夏冠杯和冬冠杯，比赛分为选拔赛、小组赛、淘汰赛

表 1-3 英雄联盟赛事

名称		介绍
英雄联盟赛事	英雄联盟全球总决赛	英雄联盟全球总决赛是英雄联盟中一年一度的最为盛大的比赛，如图 1-6 所示。全球总决赛是所有英雄联盟比赛项目中荣誉最高、含金量最高、竞技水平最高、知名度最高的比赛。参赛者均是来自全球 13 个赛区及联赛最顶尖水平的战队，只有在每一年的职业联赛中表现出色的队伍才有资格参赛，每个赛区根据规模和水平决定其在总决赛中的参赛名额
	英雄联盟季中冠军赛	英雄联盟季中冠军赛是拳头游戏在 2015 年增加的国际性赛事，当时的赛事中文名称为季中邀请赛，于 2016 年更名为季中冠军赛。季中冠军赛是英雄联盟中最重要的国际赛事之一，只有每个赛区春季赛（第一赛季）的季后赛冠军才能获邀参赛
	英雄联盟 All Star 全明星赛	英雄联盟 All Star 全明星赛从 2013 年开始举办，汇聚了来自世界各地的英雄联盟职业明星，为观众带来顶尖竞技赛事与精彩表演
	英雄联盟职业联赛（LPL）	英雄联盟职业联赛是中国大陆赛区最高级别的英雄联盟职业比赛，同时也是中国大陆赛区通往每年季中冠军赛和全球总决赛的唯一渠道，自 2013 年开始举办。每年的 LPL 由春季赛和夏季赛组成，每季分为常规赛与季后赛两部分。常规赛积分排名前 8 名的战队将晋级季后赛，为赛季总冠军以及高额的赛事奖金继续展开争夺
	英雄联盟职业发展联赛（LDL）	英雄联盟职业发展联赛是英雄联盟于 2018 年推出的全新职业赛事体系，旨在促进英雄联盟职业电竞生态稳定健康发展。LDL 取代了原来的英雄联盟甲级职业联赛（LSPL），与 LPL 形成完整的两级职业赛事体系。LDL 分为华北、华东、华西、华南四大赛区。每个赛区设立 4 个重点城市作为赛点。通过城市海选赛、大区晋级赛、区域联赛和全国总决赛 4 个阶段，决出该赛季 LDL 的最终名次和对应积分

图 1-4 DOTA2 国际邀请赛 TI

图 1–5　王者荣耀职业联赛（KPL）

图 1–6　英雄联盟全球总决赛

二、射击类

1. 射击类项目概述

射击类项目严格来说属于动作类项目的一个分支，由于其在世界上的迅速风靡。射击类项目分为两大类：第一人称射击游戏和第三人称射击游戏，尤其以第一人称射击游戏的流行使之发展成为一个单独的类型。

第一人称射击游戏（First-Person Shooting Game，FPS），顾名思义就是以玩家的主观视角进行射击的游戏，不再像别的游戏一样操纵屏幕中的虚拟人物进行游戏，而是身临其境地体验游戏带来的视觉冲击，大大增强了游戏的主动性和真实感。早期第一人称射击游戏带给玩家的一般都是屏幕光线的刺激和简单快捷的游戏节奏。随着游戏硬件的逐步完善，以及各种游戏的不断融合，第一人称射击游戏提供了更加丰富的剧情、精美的画面以及生动的音效。

第三人称射击游戏（Third-Person Shooter，TPS）与 FPS 的主要区别在于视角。在 TPS 游戏中，屏幕上显示的是主角的全身形象，玩家可以看到自己的身体和其他角色。这种视角更加强调动作感，玩家可以更好地观察角色的受伤情况和周围事物。TPS 游戏通常以多人格斗、激烈肉搏战和大规模枪战为特点，玩家需要与敌人进行近身冲突。由于视野更加开阔，TPS 游戏更适合观察大环境。

总体来说，FPS 游戏以第一人称视角为主，强调代入感和反应速度；TPS 游戏以第三人称视角为主，强调动作感和环境观察。

2. 射击类项目发展史

20 世纪 90 年代，随着“德军总部”“DOOM”的火热，基于 2D 技术的 FPS 第一次真正登上历史舞台。而在几年后，IDSOFT（游戏制作公司）推出的第一款实时 3D 演算，同时可 16 人连线对抗的“雷神之锤”，则让 FPS 迅速从 PVE（Player Vs Enviroment，玩家对抗环境）进化到了 PVP（Player VS Player，玩家对抗玩家），开启了一个全新的时代。“雷神之锤”不仅是 FPS 竞技的奠基者，也是整个电子竞技行业的先驱。

1998 年，由维尔福集团开发的“半条命”正式上线，这是一款首度拥有完整人物塑造与故事背景的 FPS，被吉尼斯世界纪录评为“史上销量最佳的 PC 端 FPS”。随着“半条命”的大热，诸多以该游戏为基础的 MOD（游戏模组）出现，其中最火爆的便是“Counter-Strike”。在经过多番修改和完善后，1999 年 CS1.0 问世，其后的 CS1.6 成为最广为人知的 CS 版本。而后，维尔福集团又继续推出 CS：S 以及如今风靡世界的 CS：2。

Infinity Ward 公司研发的 FPS“使命召唤”问世，如图 1-7 所示。该游戏相比“半条命”，拥有更加完整的故事框架、更精良的游戏设计，无论是剧情还是音效都处于当时 FPS 领域的顶尖水平，拉开了现代战争类 FPS 的帷幕。从“使命召唤”起，FPS 的画面渲染、音效设计逐渐走向精良。

随着现代科技的不断发展，如今的FPS为玩家带来了沉浸感更强的游戏画面，大大增强了游戏的主动性和真实感，而这些优质的游戏体验都离不开强大的PC硬件的强力支持。

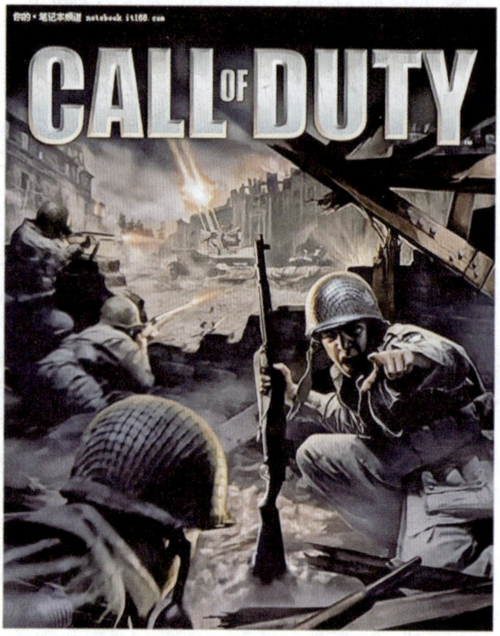

图1–7 “使命召唤”

3. 射击类项目主流赛事（见表1–4～表1–6）

表1–4 CS2赛事

名称		介绍
CS2赛事	CS2 Major锦标赛	CS2 Major锦标赛，如图1–8所示，每年举办两次，通常在年初的2月至3月和年中的8月至9月举办，参赛战队为24支，是CS2最重要的赛事

表1–5 绝地求生赛事

名称		介绍
绝地求生赛事	绝地求生冠军联赛（PCL）	绝地求生冠军联赛是面向所有职业俱乐部的顶级职业赛事，如图1–9所示，一年举办3届，分为春季赛、夏季赛、秋季赛
	绝地求生发展联赛（PDL）	绝地求生发展联赛是面向所有职业俱乐部的次级职业赛事，一年举办4届，每届比赛为期4周

表 1–6 和平精英赛事

名称		介绍
和平精英赛事	和平精英职业联赛（PEL）	和平精英职业联赛是腾讯游戏和英雄体育 VSPO 联合主办的官方最高级别职业联赛，如图 1–10 所示。赛程包括预选赛、突围赛、晋级赛与联赛决赛 4 个阶段，首届 PEL 于 2019 年 9 月正式开启预选赛
	和平精英国际冠军杯（PEC）	和平精英国际冠军杯是和平精英的国际赛事，PEL 中前 3 名的战队将和其他 12 支海外战队共同争夺和平精英国际冠军杯的冠军

图 1–8 CS2 Major 锦标赛

图 1–9 绝地求生冠军联赛（PCL）

图 1-10　和平精英职业联赛（PEL）

三、卡牌类

1. 卡牌类项目概述

卡牌类项目可以分为集换式卡牌和非集换式卡牌两大类。集换式卡牌游戏，简称 TCG（Trading Card Game），顾名思义，此类游戏以收集卡牌为基础，玩家需要通过购买随机包装的补充包收集卡牌，然后根据自己的策略，灵活使用不同的卡牌去构组符合规则的套牌进行游戏。由于个人的套牌都不同，每一局抓到卡牌的次序也有不同，无穷无尽的变化由此而起。游戏的基本规则是利用自己拥有的条件，将自己套牌中的牌使用起来，使其产生某种效应，以达成游戏要求的获胜条件。

非集换式卡牌游戏不需要“集”或“换”等过程，直接便可开始游戏。这类卡牌的数量相对恒定，例如扑克牌、麻将和狼人杀等。非集换式卡牌通常要素完备，玩家可以根据现有的卡牌和规则进行娱乐活动。

总体来说，集换式卡牌游戏以收集和策略为核心，强调不断更新和扩展的卡池；非集换式卡牌则更注重现有的卡牌和规则，适合直接开始游戏的玩家。

2. 卡牌类项目发展史

万智牌是 1993 年由美国数学教授理查·加菲设计，并经由威世智公司发行的世界上第一款集换式卡牌游戏，如图 1-11 所示。

“游戏王 OCG”是由 KONAMI 研发、吉尼斯世界纪录认证的全世界销量最高的集换式卡牌游戏，于 1999 年在日本发售。

“炉石传说”是一款由暴雪娱乐开发的集换式卡牌游戏，于 2014 年 3 月 13 日全球同步正式运营。

图 1–11 万智牌

3. 卡牌类项目主流赛事（见表 1–7）

表 1–7 炉石传说赛事

名称		介绍
炉石传说赛事	炉石传说黄金公开赛	炉石传说黄金公开赛是由网易和暴雪联合主办的一项全民电竞赛事。该赛事旨在发掘中国炉石玩家的竞技潜力，为全体炉石玩家提供公平的参赛机会，也为炉石牌友提供炉边聚会、交流的机会。炉石传说黄金公开赛每站参赛人数限定在 512 人，报名不设门槛，无论是“民间大神”还是“草根玩家”，都有参与夺冠的机会。自 2014 年起，黄金公开赛每年都会在全国数个城市巡回举行。优胜者不但能收获丰厚奖金，还将获得炉石传说黄金系列赛年度总决赛的参赛权，与全国顶尖玩家共同争夺最高荣誉——500 克纯金炉石雕像奖励
	炉石传说黄金战队联赛	炉石传说黄金战队联赛是由网易和暴雪联合举办的，国内首个官方炉石传说 3v3 线下职业联赛

四、其他

1. 自走棋项目

自走棋最早的游戏是刀塔自走棋，如图 1–12 所示，逐渐发展至今，成为一个游戏品类。目前，市面有云顶之弈、三国杀自走棋、战歌竞技场、赤潮自走棋、09 自走棋、梦塔防自走棋、逆水寒自走棋、航海王：燃烧意志自走棋等自走棋项目。

图 1–12　刀塔自走棋

2. 体育类模拟项目

体育类模拟项目主要竞技规则与现实中的体育项目一致，多数受欢迎的体育项目会变成游戏，包括篮球、网球、高尔夫球、足球（见图 1–13）、美式橄榄球、拳击、赛车等。

图 1–13　FIFA ONLINE3

3. 竞速类项目

竞速类项目主要是在比赛场景下进行的，目前该类型的游戏已经在游戏界享有了一定的声誉。爱好竞速游戏的玩家以体验比赛中的刺激为乐趣，玩家唯一的目的就是“最快”。本类型的游戏主要强调操作控制，另外加上独特的机械设备、优质逼真的比赛画面、仿真的音效，因而备受玩家的热捧，如 QQ 飞车、跑跑卡丁车、F1 赛车（见图 1–14）。

图 1–14　F1 赛车

学习单元 3　电子竞技项目操作技巧

MOBA 类项目操作技巧主要集中在移动操作技巧、普通攻击、补兵技巧、技能释放技巧等方面。同一类型项目操作技巧根据其单个项目内容的特点有些许不同，DOTA2 由于其地图大、规则烦琐等特点，弱化了移动技巧的重要性，更多关注兵线处理技巧和对抗技巧。射击类项目操作技巧主要集中在射击操作技巧和移动方式技巧。

一、英雄联盟基础操作技巧

1. 移动操作技巧

移动操作是英雄联盟的基本操作之一，走位是基于移动操作的进阶技巧。点对点的移动固然是最快速的路径，但在对抗过程中，对方电子竞技员也通常会以此路径进行预判和攻击，因此需要进行不规则的走位，即在移动过程中通过观察、预判对方的动作，提前进行路径规划，从而在相互博弈中占据上风。

主要的走位方法有 3 种。一是“S 形”走位，如图 1–15 所示，躲避技能时，蛇形移动前进，让对方难以判断你下一步行进的方向。二是“T 形”走位，如图 1–16 所示，与自身之前的行进路线相垂直，应用于对方向前攻击的情景，可以最大限度地进行规避。三是反向走位，即回头，用于规避对方在你前进方向上发起的攻击，显然，回头会拉近与对方的距离，因此反向走位后通常会放弃原来的前进目标，转而选择撤退（追击对方时）或进攻（逃跑时）。

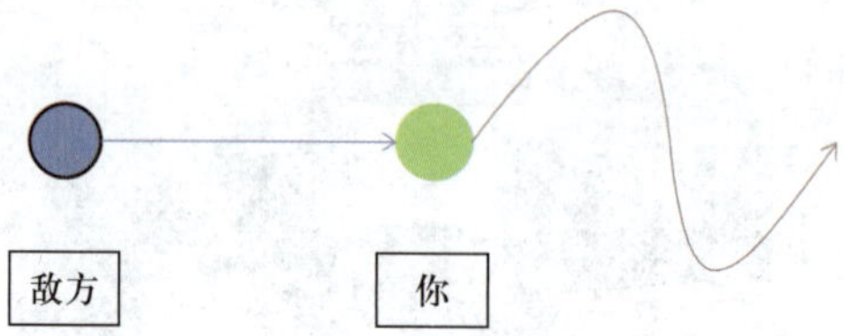

图 1–15 “S 形”走位

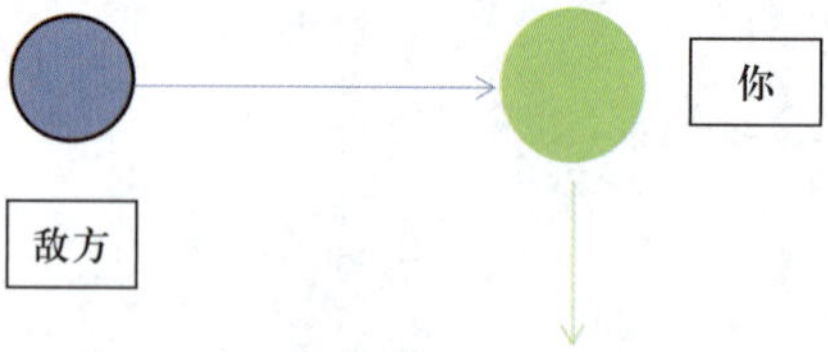

图 1–16 “T 形”走位

许多英雄都拥有位移技能，所有英雄都可以且在绝大多数情况下都会选用闪现这一提供位移能力的召唤师技能。位移分为两类：一类是突进，英雄从 A 点快速移动到 B 点，会经过 AB 之间的路程，如无双剑姬菲奥娜 Q 技能、英勇投弹手库奇 W 技能；另一类是闪烁，英雄在 A 点消失在 B 点出现，不会经过 AB 之间的路程，如召唤师技能闪现、探险家伊泽瑞尔 E 技能（见图 1–17）、冰霜女巫丽桑卓 E 技能（见图 1–18）。

位移技能的使用需要注意以下事项。一是使用位移躲避对方攻击时，应对非指向性技能，可以等待对方释放技能再使用位移技能；应对指向性技能和普通攻击，则要提前使用位移技能，否则，对方攻击出手后将锁定目标，无法使用位移技能躲避。二是使用位移技能穿过墙体时，判定原则为穿过一半墙体即可成功过墙，因此为了防止穿墙失败，需要尽可能地贴近墙体，同时面向当前墙体最窄的方向，以提高穿墙的成功率。

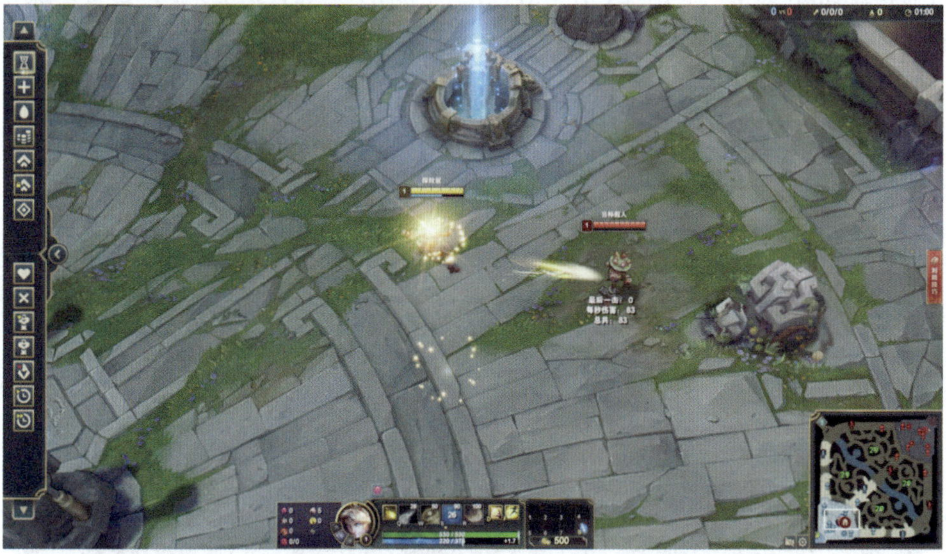

图 1–17　探险家伊泽瑞尔 E 技能

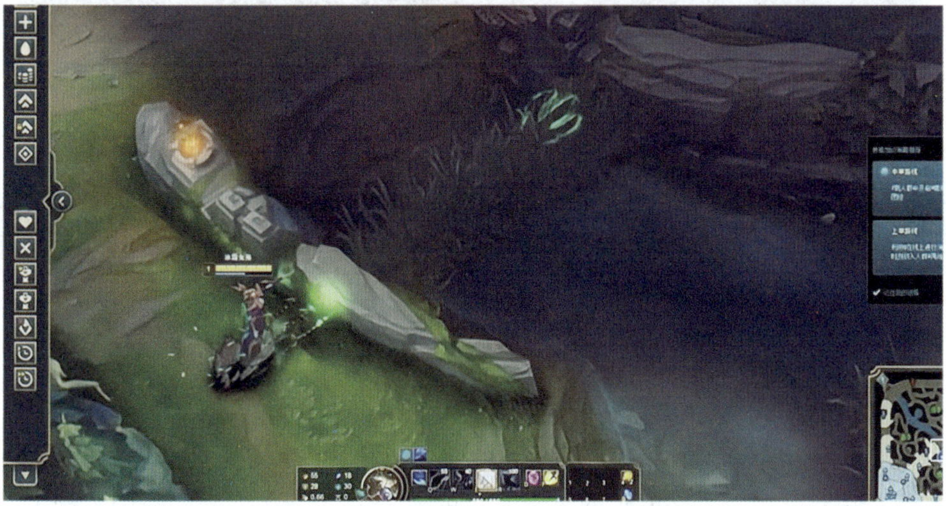

图 1–18　冰霜女巫丽桑卓 E 技能

2. 普通攻击

普通攻击（俗称平 A）是英雄联盟的基本操作之一，英雄的普通攻击涉及前摇后摇、移动攻击与拉扯等进阶知识。英雄的普通攻击和技能攻击均是一个过程：出手动作（前摇）—攻击生效—收手动作（后摇），前摇后摇均可以通过进行其他动作来取消。取消前摇会放弃本次攻击，本次攻击将失效，但可以应用于骗对方技能的情景。一般情况下，电子竞技员都会取消后摇，取消后摇并不能更快地进行下一次攻击，而是腾出更多的时间进行其他操作。最常见的情况：普通攻击为移动攻击（走 A），在攻击生效后的后摇阶段，通过移动（点地板）来取消后摇，把后摇的时间用在走位上（见图 1–19），而非在原地继续进行攻击（俗称站撸）。

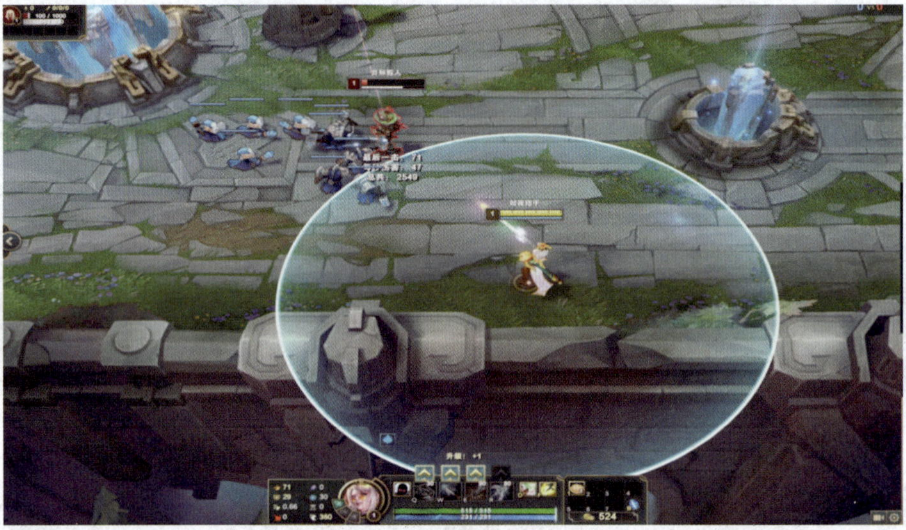

图 1–19　移动攻击

拉扯是指利用更长的攻击距离主动发起攻击，并在普通攻击或技能的冷却期主动退后，等待冷却期结束，再次利用距离优势发起攻击。不同英雄的普通攻击距离和技能影响范围不尽相同，了解敌我双方的攻击方式和攻击距离，把握好敌我双方攻击的极限距离，能够较好地掌握进攻和撤退的主动权，规避对方的强势期，充分发挥己方的优势属性，展现“刀尖跳舞”的竞技美学。

3. 补兵技巧

补兵是英雄联盟的基本操作之一，塔下补兵和技能清兵是最主要的进阶技巧。补兵能获得小兵赏金，是英雄联盟最主要的发育方式。在竞赛实战中，绝大多数情况下电子竞技员补兵时会面临多种因素的干扰。

塔下补兵（补塔刀，主要出现在前期）：当对方兵线进入己方防御塔的攻击范围时，己方防御塔将开始攻击对方小兵，如图 1–20 所示。防御塔会攻击距离最近的小兵，据此，电子竞技员可以根据小兵与防御塔的距离决定其攻击顺序。小兵能够承受防御塔攻击的次数是相对固定的，电子竞技员需要在防御塔攻击的同时补上普通攻击或技能来保证能够最后淘汰小兵获得赏金。其中，近战兵能够承受三次防御塔攻击，电子竞技员需要在防御塔攻击两次后补上一次普通攻击（部分普通攻击伤害特别低的法师可能需要两次）；远程兵能够承受两次防御塔攻击，电子竞技员需要在防御塔攻击一次的前后各补上一次普通攻击；炮车兵能够承受防御塔多次攻击，电子竞技员有较长的时间观察炮车血量情况，最后用技能或普通攻击补刀即可。

此外，很多时候兵线进塔时处于血量不满的情况，电子竞技员要根据不同的情况用技能或普通攻击提前调整好小兵的血量以方便补刀。有时，己方塔下还会有己方小兵在攻击对方小兵，也需要电子竞技员提前判断己方小兵的输出伤害，调整好对方小兵的血量，完成最后的补刀。对线补兵如图 1–21 所示。

图 1–20　塔下补兵

图 1–21　对线补兵

技能清兵是英雄联盟中一种重要的补兵技巧，尤其是在面对大量对方小兵或需要迅速清理兵线时非常实用。

技能清兵需要了解英雄技能伤害，不同的技能对小兵造成的伤害各不相同，尤其是有些技能可能对小兵造成额外伤害或有范围伤害效果。电子竞技员需要通过观察小兵的血条判断小兵血量，并估算自己技能所能造成的伤害，以确保技能能够击杀小兵并获得赏金。与此同时，不要忽视普通攻击的作用，在技能冷却期间或技能无法击杀小兵时，都需要通过普通攻击来补充技能伤害的不足。普通攻击通常发生在释放技能之前，以达到最快速清兵的效果。

4. 技能释放技巧

技能释放是英雄联盟的基本操作之一，一些英雄技能有特殊的技能释放机制和技巧，需要特别关注。英雄技能的释放方式可以在系统设置中进行调整。既可以选择非智能施法：释放技能需要按技能按键（同时会显示技能范围）+ 鼠标点击目标确定释放；也可以选择智能施法：按技能按键即可，英雄会向鼠标所悬停的位置释放技能。非智能施法优点在于显示技能范围，使施法更精准；智能施法优点则为更快速。熟练的电子竞技员对于技能范围把握已经较好，通常使用智能施法设置，少数冷却时间长、对施法范围要求高的技能使用非智能施法。

机械公敌兰博 R 技能（见图 1–22）和机械先驱维克托 E 技能的释放需要注意：这两个技能均需电子竞技员进行鼠标的拖拽划线来释放。非智能施法情况下，电子竞技员需要按下技能键后在施法范围内选择技能的起点点击鼠标，随后拖动

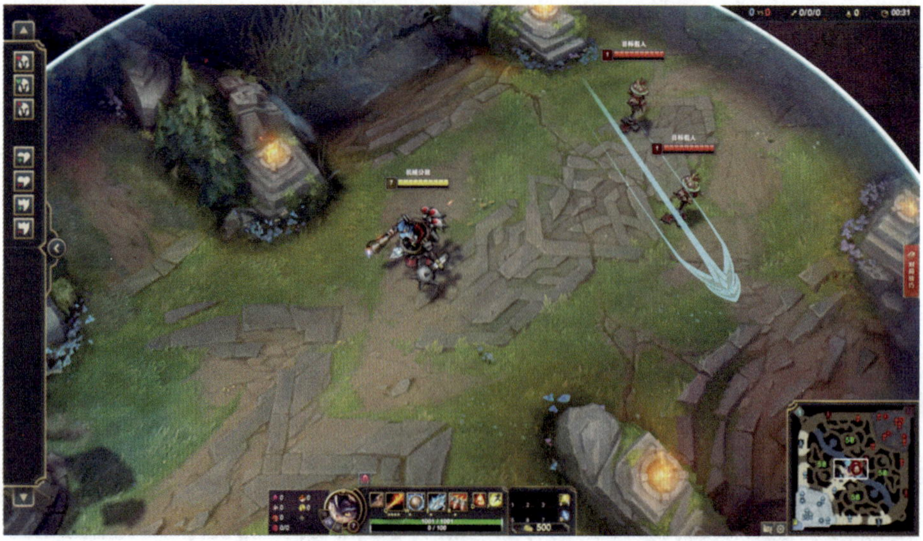

图 1–22　机械公敌兰博 R 技能施法范围

鼠标在屏幕任选一点（终点）松开，技能即会按照起点到终点的方向生效。智能施法情况下，电子竞技员需先悬停鼠标到预想的起点位置，再按下技能键，随后朝预想技能生效的方向移动鼠标并松开，技能即会按照起点朝预想方向生效。

释放技能时，应该注意：一是攻击对方时，一般尽量拉近和对方的距离，使得对方更难躲避己方技能或采取反应，必要的情况下甚至可以先闪现拉近距离（贴脸）；二是技能释放不一定要求命中对方，在己方技能足够的情况下，可以用技能封锁对方走位空间，保证后续技能的命中即可；三是释放技能若有落空的可能，要提前留出撤退的余地，防止被对方躲避关键技能后遭到反打。

二、DOTA2 基础操作技巧

1. 技能释放技巧

英雄在移动，攻击小兵、野怪、防御塔，回复等各种状况下都可能会使用技能。这些技能释放通常进行得较为平缓，对操作和释放时机没有太多要求。

击败对方英雄则是英雄技能释放技巧最复杂、最综合的应用。由于各个英雄的技能组合千变万化，这里很难一概而论。下文将以风暴之灵（蓝猫）为例，讲解其技能释放时的技巧。风暴之灵的技能如下。

残影（R）：风暴之灵制造一个充满爆炸性能量的自身残影，如果有人接近就会引爆造成伤害，残影持续 12 秒。

电子涡流（E）：将一个敌人拖到风暴之灵所在位置的涡流，同时也会在 3 秒内降低风暴之灵自己 50% 的移动速度。

超负荷（V）：施法时会产生电荷，在风暴之灵下次攻击时被释放，对附近敌人造成伤害并减速。

球状闪电（G）：风暴之灵变成不稳定的电流在战场上横冲直撞，直到他的蓝量耗尽或到达目标才停下。施法消耗为 30+ 总魔法量的 8%，每移动 100 距离消耗 12+ 总魔法量的 0.7%，本技能造成的伤害每飞行 100 距离就会递增。

可以看出蓝猫的技能比较全面：R 是一个范围伤害技能；E 是单体控制技能；V 是蓝猫的输出核心技能，并且附带有减速的效果；G 是一个位移技能，是蓝猫的灵魂技能，只要蓝量充足就可以飞向任何地方。每次使用 R、E、G 之中的任何一个技能都会触发一次超负荷的被动效果，提升下一次普通攻击的伤害并造成减速效果。

蓝猫最基本的操作方式为 G 到对方英雄附近，E 住他，再释放 R，然后开始攻击，但这样浪费了 V 的输出能力。蓝猫的连招可以再做改进，在使用技能后附加一次普通攻击，也就是 G 先手飞到对方英雄旁边，A（攻击）一下，E 住，再 A 一下，然后施放 R，再 A 一下，最后接上数次 G+A，这样的连招显然做到了输出最大化。要在比赛中流畅地使用该连招，需要进行大量的练习。

上述提到的连招需要极为理想的使用情景，但不是每次都应该刻板地按照这个顺序释放技能。如果先手的对象是敌法师、痛苦女王这类有逃生技能的英雄时，就不能贪图那一下攻击，应该直接拉；在偏团战的战斗中蓝猫切入击杀对方英雄时，G–E–R 最好直接释放，打出 R 的伤害后再接 G–A，否则 E–A–R–A 的过程中很容易被对面其他英雄控制住，导致先手失败；在蓝猫装备了紫苑后，可以飞过去多次 G–A，等紫苑时间快到后再拉住对方英雄继续输出。

蓝猫在切入时还需要特别注意把握好自身的蓝量。G 的耗蓝量由距离和蓝上限所决定，如果切入的距离太远，在打完一套输出之后没有蓝飞离战场，即使完成击杀也容易被对方控住而遭到反杀。控制好蓝量是使用蓝猫的关键，可以通过人机或实战中多去感受耗蓝和距离之间的比例关系。

2. 补刀技巧

补刀在 DOTA2 中分为正补和反补两个部分。补刀时，首先要对自己英雄的攻击力有一定的认识，其次要对小兵的血量有基础的了解。在小兵的血量还剩最后一击时，看准时机补出那一刀即可。这里值得注意的是，近战小兵有 2 点护甲和 10% 的物理抗性，远程小兵护甲为零，所以攻击近战小兵时其所受的伤害有所减免，对血量的计算就需更加精确。对反补来讲，己方小兵需要在其 50% 生命以下时才能反补，防御塔剩余 10% 才可以反补。

补刀时巧用 S 键能大幅提高补刀的成功率。S 键为取消当前动作按钮。S 键的运用，既可以是选择合适的出手补刀时机，也可以是与对方英雄对线时的博弈。当一个小兵处在两三下普通攻击就会死亡的时候，对面想等操作者补第一刀，然后反补掉小兵；这时操作者作出补刀动作然后 S 掉这下普通攻击，对面会在操作者作出动作前摇时以为操作者已经出手，然而实际是没补出来的；此时操作者再补出那致命的一刀，即可完成正补。在反补中，S 键有类似的运用方式。这种补刀考验与对方英雄的心理斗争，反复地 S 补刀，可以打乱对方英雄的补刀节奏，能让自己在对线时占据心理优势，提高自己的补刀成功率。

3. 消耗与压制技巧

在对线期间，如果能做好补刀和控线这两点，便至少保证了自身的发育。要试图影响对手的占线和发育，就得做好消耗与压制。

所谓消耗，主要是通过普通攻击或者技能来压低对手的血线，这样做能使对手占线处于更加危险的状态。对线时，血量更低的一方不敢走位靠前，往往难以用心补刀，并且被对方 Gank（包抄、偷袭）击败的可能性更高。所以消耗能力强、血量更饱满的一方能占据对线期间的主动权，在自己不失误的情况下容易形成优势。

首先，可以利用补刀的间隙用普通攻击来消耗对手，尤其是在对方试图补刀时，可以连续普通攻击对方英雄，杀伤对手。在用普通攻击消耗对手或释放有和仇恨机制有关的技巧时，在小兵 500 码范围外右击对方英雄不会吸引小兵仇恨，此时即使走进仇恨范围内攻击对手，对方小兵也不会第一时间攻击你，这样就可以在不影响兵线且不受小兵伤害时消耗对方血量。

一些特殊的英雄，如有灵能之刃的圣堂刺客、智慧之刃的沉默术士等，他们用普通攻击消耗对手的方式更为简单。圣堂刺客只需要利用走位，将自己、小兵和对方英雄置于同一直线，便可攻击小兵弹射对方英雄。而拥有法球技能的几个英雄，在手动释放法球攻击时并不会触发小兵仇恨机制，可以在兵线附近就直接消耗对手。跟这些英雄对线需要特别注意走位，使用特殊的对线技巧。

其次，可以利用一些耗蓝量较低的技能消耗对手，如帕克的幻象法球、幻影刺客的窒息之刃都是不错的对线消耗技能。一些技能是对范围、路径释放的，这便能实现同时帮助补刀和消耗对手的目的，从而省去了一次对小兵的普通攻击，可以在释放技能之后继续普通攻击对方英雄。例如，操刀帕克时，可以看准时机，在己方英雄、残血小兵、对方英雄三点一线时释放幻象法球，收兵的同时消耗对手。

一些技能是直接对英雄单位释放的，这就要在“合理”的时候使用。对“合理”的判断需要大量的实战经验和意识的培养。例如，痛苦女王的暗影突袭可以在兵线优势时使用，使对面不敢上前补刀；也可用于己方小兵进对方防御塔时使用，来影响对面的走位和补刀；若己方兵线很差，却要强行走到对方英雄附近释放该技能，则很有可能被对方英雄突袭，甚至被控制后损失更多血量，反而得不偿失。

掌握了消耗对手的诀窍，自然对如何避免被对手过度消耗更有心得，在使用对线能力欠佳的英雄时，这一点会显得尤为重要。一方面，在双方均势时，走位需要更谨慎，处于劣势的地形时没必要和对方英雄对点换血，在需要补刀时再进入双方拼消耗的攻击范围内，而面对对方有消耗技能时，切忌三点一线，站在己方小兵身后让其收兵与耗血同时得逞。另一方面，在对线较为劣势、消耗能力明显没有对方强时，应采用技能清兵、推线互收塔下兵的方式保证发育，甚至实在勉为其难，应混经验而不被击败，保持良好状态，耐心等待队友的支援。

消耗同时也是压制的一种手段，所谓压制，即减缓对方的经验、金钱获取速率甚至完全阻止。除了消耗外，压制的主要方法还有反补、威慑等。

反补是压制最基本的方法，具体细节可以回顾前面补刀的部分。消耗则是压制最主要的方法，通常情况下，两方会在不断的消耗中产生差距。在积累了一定的优势后，可以尽量让自己站位靠前，迫使对方英雄后退，从而无法取得金钱和经验，这就是威慑。这其中提到的优势可以是通过反补而来的经验等级上的优势，也可以是通过消耗而来的状态、血量上的优势。在一对一单挑时，综合考虑技能冷却期、攻击距离、英雄状态、兵线位置等因素，如果自己处在绝对的优势，应该大胆越过兵线，甚至不需进行反补，直接将对手压出经验区；在没有那么大优势时，也可以借助一些技巧。例如，使用丽娜时，己方英雄、小兵和对方英雄三点一线，操作者刻意站在小兵身后抬手龙破斩又 S 掉，对方就会因为不愿被消耗而放弃反补；当对方真要上前正补、反补时，又确实被龙破斩进行消耗，多次如此，会给对方英雄造成很大的压迫感，在正补、反补的选择上犹豫不决，必定会有所损失。

用威慑进行压制时不可忘记提防对方的游走 Gank，尤其是在中路且没有开阔视野的情况下，过于激进的压制站位会给对方其他英雄轻松 Gank 的机会，一旦被开雾或绕后先手，很可能因为离防御塔太远造成逃跑不及或者队友难以支援等被击败，致使好不容易建立起的优势丧失殆尽。淘汰是最致命的压制手段，优势方将稳固优势的地位，劣势方则大有可能一举反超。通常，被淘汰的英雄单位会损失一定的金钱，在阵亡时间内也只能目睹对方利用该时间进一步发育或是获取资源。

压制是极为重要的，但发育才是获取胜利的根本，虽然这两者都需要大量的操作，会消耗很多的精力，但它们都非常有用。电子竞技员必须尽力寻求这其中的平衡。这里很难通过一个精密的数学公式计算压制与发育的比例，可以通过英雄的特性和对局势的判断来帮助作出抉择。

本部分所讲的压制只局限于游戏初期的对线阶段，一局比赛的中后期也同样有压制的情况。这时的压制更加强调对整个地图资源点的控制和活动空间的限制，需要整个团队配合起来协同完成压制的重任，相较而言会复杂很多。

三、CS2 基础操作技巧

CS2 基础的移动和射击、道具的购买和使用，在基础教程中就可以完成理解和掌握。在操作技巧方面，CS2 有很多值得钻研之处，有较高的操作上限。

1. 射击方式操作

射击方式操作也称枪法，是 CS2 的核心。在职业赛场上，枪法可以决定一个职业选手的上限。射击的时候要尽量保持人物处在相对静止状态，这样准星就会处于最精确的位置，以下射击方式操作的状态都为人物处在相对静止的情况下。

在 CS2 中，射击头部相比其他部位伤害具有加成效应，所以大部分枪械都需要对敌人头部进行预瞄，常被称为爆头线。爆头线的掌握需要电子竞技员在日常的训练中养成习惯，熟悉地图上每个点位敌人可能出现的位置其头部大约在哪里。通常来说，要完全掌握爆头线需要长时间刻苦的训练与实战的积累。

（1）点射。CS2 采用的是真实的物理引擎，它的枪械都具备后坐力，所以在遇到敌人时应当保持镇定，先稳住枪械，同时把准星移动到目标身上，有节奏、连续地点击鼠标左键，如间隔 0.2 秒点一次鼠标左键，这样子弹是完全打在所瞄准的目标点位（见图 1–23）。点射一般运用在远距离与敌人交火的场景中，最大的精确度可以保证远距离对枪的成功率。霰弹枪因为枪械属性原因有其独特的射击方式。

图 1–23　点射演示

还有一种点射是连续点射。因为枪械后坐力的原因，前 3～4 发子弹都比较精准。连续点射的具体操作是按住鼠标左键，在射出 3～4 发子弹后，松开鼠标左键，调整准星位置，再次重复上述操作，直到目标对方被淘汰。这种连续点射的优点是可以在短时间内淘汰对方，一般运用的情况为中距离对枪，且需要有掩体，搭配瞬时的位移甚至身体晃动进行射击。

（2）扫射。扫射可以发挥枪械最大的射速，给对方火力压制。因为随着枪械射出子弹数增多，5～6 发子弹就不会精确命中准星正中心，子弹会稍微往上飘，需要电子竞技员把鼠标向下拖动，保证子弹依然处在之前准星正中心。不同的步枪、冲锋枪，其后坐力不同。扫射常用的场景多见于烟雾弹里、对方多人冲锋以及射击目标过多等。

1）烟雾弹里扫射的作用是防止烟雾弹中混入敌人（见图 1–24）。封烟不等于无敌，有时敌人会抓住另外一个点佯攻，去真正攻击具备烟雾弹封路的区域，这也是一种常用的战术打法。但这种扫射 5～6 发子弹后就需要收枪，更换自己的位置，因为在连续开火的情况下敌人会根据弹道判断出己方射击的位置，进行反向混烟，反将己方淘汰。

图 1–24　烟雾弹里扫射演示

2）在对方多人冲锋的情况下使用扫射可以发挥枪械的最大射击速度，从而将对方淘汰，如图 1–25 所示。

2. 移动方式操作

在 CS2 中，掌握直线型移动只是开始，各个键位组合在一起会产生更加进阶的移动效果。不一样的移动方式适用于不同的场景，在射击与非射击状态下都产生一定的效果。

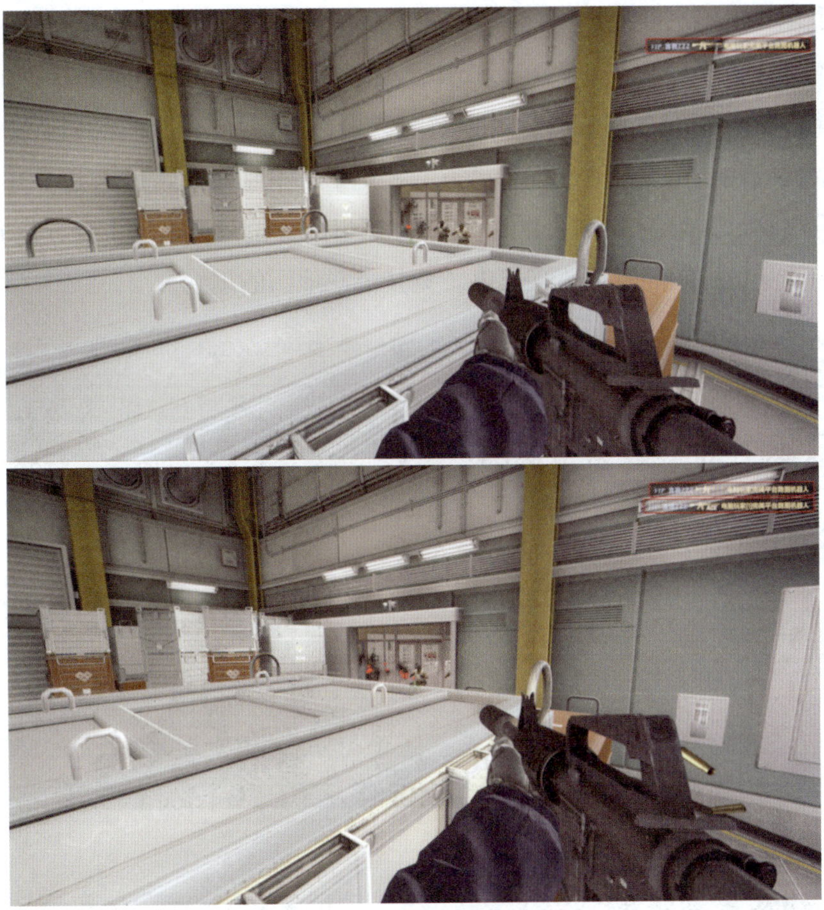

图 1-25 对方多人冲锋时扫射

（1）急停。急停适用于开枪之前的部署操作。急停流程：先按 A，然后松开 A，再快速按 D，然后松开所有方向键，射击，反方向也是一样。需要注意的是，CS2 里面的射击不是在速度为 0 的时候才会最准，只要速度在 70u/s 以下就是准确的，这个速度或者节奏的把握，需要电子竞技员经过练习形成肌肉记忆。开始可能做不到准星完全恢复就能淘汰对手，所以开始练习时可以等准星完全恢复再开枪，熟练后可以尝试在准星完全恢复之前的瞬间开枪。更熟练之后，可以先向左移动，然后按反方向键，反向移动的过程中射击，淘汰对手，整个过程是不停下来的。实际的效果体现为掩体后移动出去一枪淘汰对手，然后快速撤回掩体之后，中间没有任何停顿。这个操作的依据就是在 0~70u/s 的移动速度下开枪，可以做到稳定命中准星中心。设想一下，在往左移动，然后突然一个急停并且反向移动的过程中，肯定有一个向左的速度从 200u/s 降到 70u/s，再降到 0，然后向右的速度从 0 加到 70u/s，再加到 200u/s。所以只要在 -70~70u/s 开枪，都可以做到稳定命中对手。

（2）身位控制。身位控制在 CS2 中也比较重要，人物都是具有模型的，双方角色都会占据一定的三维空间。大多数情况下，双方都能互相观察到彼此或互相无法观察到彼此。在个别情况下，己方的视野中看不到对方角色（见图 1–26），对方却能观察到己方角色（见图 1–27），即使露出的身位只有半只手臂，也能带来致命的影响。身位控制能充分体现出电子竞技员对地图的理解。

图 1–26　己方视角

图 1–27　对方视角

身位控制好的话，可以巧妙利用某些掩体，使自己能够清楚地看到对面（见图 1–28），但是对方看到的只是自己身体的一部分（见图 1–29），这样的站位可以避免被对方爆头秒杀。类似的单向掩体在 CS2 中还有非常多，需要电子竞技员跑图测试和实战积累经验，从而利用这些掩体增加对抗射击时的成功率。

图 1–28 己方视角

图 1–29 对方视角

（3）peek 系列操作。peek 系列操作包括 peek、repeek、overpeek。

1）peek 是指在掩体后快速按下方向键露出小部分身体，以达到欺骗对方开枪或收集对方信息的效果。一般搭配反方向键收回，如按 A 就按 D，这样做可以确保自身的安全，也可以为接下来的 repeek 做准备。

2）repeek，顾名思义是指在 peek 操作之后再次进行一次额外的 peek，第一次的 peek 诱导对方开枪后，可再次从掩体后拉出，这样能确保双方在对枪中己方的弹道是稳定的，但对方的准星已经出现了偏失，或对方狙击枪处于开枪间隔，以此来抓住机会达到淘汰对方的目的。

3）overpeek 是指大身位从掩体后拉出，但第一时间不选择急停交火，而是多移动 1~2 个身位，避开对方的预瞄点位，迫使对方移动准星，同时保持自身准星瞄准在对方身上，随后急停完成淘汰（见图 1–30）。

图 1–30　模拟 overpeek 双方视角

课后练习

1. 电子竞技项目的主要类别有哪些？分别举出 3 个案例。
2. 不同 MOBA 类项目中补兵有哪些操作技巧？简要分析其共同特点。

培训课程 2 团队配合训练

学习单元 1 电子竞技团队组成及其职责

MOBA 类项目与射击类项目大多为团队竞技项目，所以团队分工及每个位置的职责分配是十分重要的。MOBA 类项目因其共通点是三分路地图，会形成明确的位置分工。射击类项目更多的是为还原真实的军事行动，设置了团队结构和不同的分工职责。在电子竞技项目中，每个位置或角色都有严格的、特定的任务、职责，各司其职，充分发挥团队 1+1 大于 2 的整体优势。

一、MOBA 类项目团队组成

以英雄联盟为例，展开介绍 MOBA 类项目的团队组成。英雄联盟基本的三条分路设置决定了其基本团队组成：上路（对抗路）、打野、中路、下路（发育路）、辅助。

一支队伍由 5 名队员组成，根据地图的三条战线以及野区资源点区划，分别是上路 1 人（上单），中路 1 人（中单），下路 2 人［ADC（攻击输出核心）及辅助］和野区资源点 1 人（打野）。地图划分如图 1–31 所示。按照竞技对抗构成，位置分为坦克位、输出位、辅助位。通常坦克位由上单、打野、辅助担任，输出位由中单、ADC 担任，辅助位由中单、辅助承担。一般来讲，打野位和辅助位决定了团队战术的部署与执行。

1. 上路（对抗路）（见图 1–32）

上路是单人线，走上路的英雄俗称上单。常见的上路英雄主要分两类：战士型上路和坦克型上路。战士型上路更强调自己的发育，从而在中后期能够更好地进行带线推塔与牵扯，单挑能力较强、团战能力相对较弱。坦克型上路更强调协

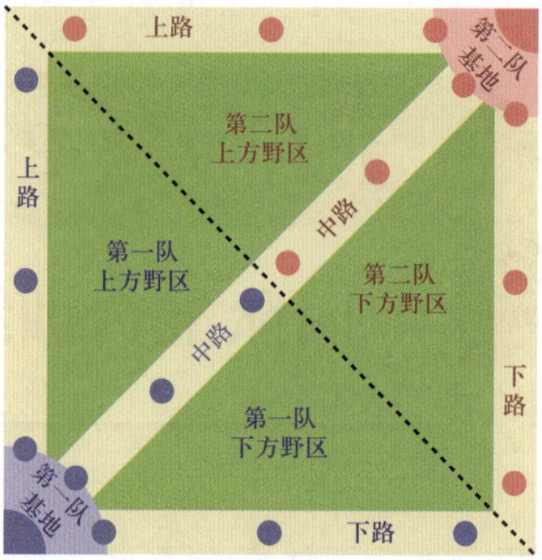

图 1–31　地图划分

图 1–32　上路（对抗路）

助团队，可以牺牲自己的发育来取得团队优势，通常具有较强的开团、控制、承伤能力。此外，随着电子竞技员的开发，还出现了一些法师、射手走上路，它们通常具备较强的对线压制力，能够取得较大的对线优势，在团队中承担输出位的职责。

2. 打野（见图 1–33）

打野游走于双方公共资源之间，属于团队机动性、隐蔽性最强的一个位置，能够对任何一路发起进攻或提供支援。打野需要综合考虑自己的发育和进攻支援计划，从而规划好自己的刷野路线，观察并根据各条路的动态局面来调整自己的行动，对于关键野区资源的掌控和争夺要有清晰的思路并提前进行部署。因此，打野通常也是团队的指挥位。

图 1-33　打野

3. 中路（见图 1-34）

中路是单人线，走中路的英雄俗称中单。中路至关重要的一点是线权，能否推线（主动权）和推线能力（清线速度）是中路的重要命题。有了线权，中路方可发挥辐射全局的作用，实现节奏的带动。中路作为团队两大 C 位（核心位置）之一，还承担着团队输出的职责。传统的中单通常是法师或刺客，为了强化线权，根据对线优势优先的原则，也逐渐出现了战士、坦克、射手中单的打法。

图 1-34　中路

4. 下路（发育路）（见图 1–35）

下路是双人线，一般与辅助搭档。下路的核心职责在于保证自己的发育，在后期提供足够的输出。因此，下路通常是以射手为主，还包括一些炮台型法师和缠打型战士在内的具备持续输出能力的英雄。

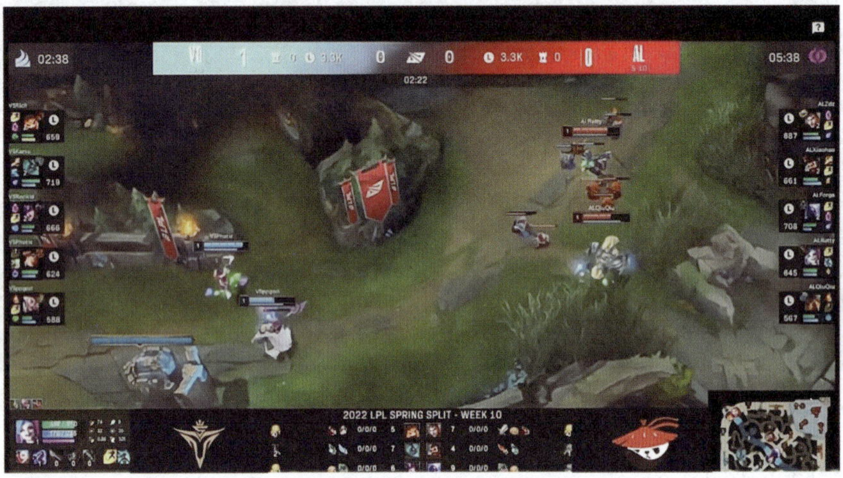

图 1–35　下路（发育路）及辅助

5. 辅助

辅助与下路英雄搭档。辅助兼具保证各路发育、游走支援、提供视野和信息三大职责。辅助不需要补刀，经济主要由专门的辅助装提供，因此也不会被捆绑在兵线上，拥有较强的机动性，能够支援下半区，甚至提前支援上半区的重要战斗。辅助通常也会观察小地图以获取信息并传达给团队，且需要花费大量的经济和精力在视野布控上。辅助及其主要装备都具有较强的功能性，使得辅助依靠较低的经济也能发挥作用。在战斗中，辅助根据自身属性和具体局势，一般有提供保护和进场控制两大打法。

二、射击类项目团队组成

射击类项目以 CS2 为例，介绍团队组成。

在 CS2 中，官方并没有对 5 个人的位置进行强制的分配，位置可以分为突破位、掩护位、指挥、自由人和狙击手。这些位置并非不可兼任，有时一名选手需要身兼多职，可能既是狙击手又是指挥。

1. 突破位

突破位也称破点位，通常是在队伍进攻时走在最前面的人，主要作用就是侦查对方站位，以及第一时间打开进攻突破口（通常也是队伍中第一个阵亡的）。突破位除了需要精确的瞄准技术及深刻的地图理解外，还要试图更快地帮助队伍扫清所有位置，尽可能多地获取对方站位等信息提供给队友，方便队友更好地判断对方的下一步站位。

对于突破位有以下几点要求。

（1）枪法好，反应快。

（2）性格自信，胆大心细。

2. 掩护位

掩护位的主要作用是在突破位进入关键点位时，利用投掷道具干扰对方，降低突破位破点时的难度。同时，在突破位倒下之后要第一时间出来补枪。这就要求掩护位能熟练地运用烟闪火雷，并在日常的训练赛中提高与队友配合的熟练度。

对于掩护位有以下几点要求。

（1）能运用并掌握投弹技巧，合理利用自身道具配合战术实施。

（2）保持冷静，在突破手被对方击败时要迅速作出反应。

（3）及时与队友交流，了解队友的想法，与队友配合默契。

3. 指挥

指挥是游戏中的领导者，或者说是战术策划者，是整支队伍的大脑。一个优秀的指挥至关重要，其负责观察场上形势，根据不同情况给出不同的指令和决策，他的作用就是想尽一切办法帮助全队取得胜利。指挥需要收集各个位置反馈的信息，经过分析和理解，凭着意识与经验进行战术安排。

对于指挥有以下几点要求。

（1）出色的大局观和意识，管理队伍总体经济。

（2）出色的沟通能力，短时间内将自己的想法表述清楚。

（3）性格果断，思维开阔，有判断力，能够迅速作出决策。

4. 自由人

自由人往往在一局游戏中会起到出其不意的作用，他的位置可以根据场上局面的变化进行调整。T 方的自由人可以在一些关键点位站住，让对方不敢轻易前压获取信息，放弃某个雷区的防守；CT 方的自由人可以根据自己的判断选择前压，获取信息。

对于自由人有以下几点要求。

（1）优秀的地图理解能力，对各个点位了如指掌。

（2）有良好的应对方式，面对对方的动作能迅速作出自己的判断。

（3）善于隐忍。

5. 狙击手

对于狙击手来说，精准、一发致命是它的代名词。狙击手要拥有极强的远距离精准打击能力，是团队的眼睛，用来侦查对方动向，给予对方一击必杀。狙击手更是个武器手。

对于狙击手有以下几点要求。

（1）反应快，枪法“稳、准、狠。”

（2）熟练掌握狙击位，对于狙击位有着自己的独特理解。

（3）“静如处子，动若脱兔”。对于狙击手来说，往往只有一次开枪的机会，开枪后就要自保或寻求队友保护。

学习单元 2　电子竞技团队沟通

沟通在多人参与的电子竞技项目中，对能否获得胜利有显著的影响。一个欠缺沟通的团队会信息闭塞，失误频繁；一个沟通顺畅的团队则心态平稳，合作无间。

一、游戏内信息沟通

说起沟通，人们第一时间就会联想到语言交流这种方式。在当今的电子竞技项目中，程序内置的信息沟通功能也非常强大，几乎能起到同等作用，甚至在精确度等方面更有优势。

以英雄联盟为例，其信号按钮共有 3 个快捷键，分别是 G 键、V 键、Alt 键，每个快捷键所对应的信号都有所不同。

1. G 键的操作

当操作者希望与队友协同攻击特定对方时，需要明确标记目标对象。操作方法为：将鼠标箭头移动至预定攻击的英雄上方，按下 G 键。这时，选定的对方身上会出现一个信号标志，队友便可见此信号并予以配合，进行完美的攻击行动。

2. V 键的操作

在遭遇潜在风险时，若需提醒队友及时撤退以避免被攻击，可以使用 V 键发送信号。操作方法为：将鼠标箭头悬停在需要警示的队友身上，按下 V 键。队友身上随即出现信号标志，提醒他们注意并撤离危险区域。

3. Alt 键的操作

在战斗进行中，如有重要信息需传递给队友，如“危险”或“正在路上”等提示，便可通过 Alt 键发送相应信号。操作方法为：将鼠标置于需提醒的位置，按住 Alt 键，游戏界面将出现信号图标选择框；操作者滑动鼠标左键选择所需信号类型并点击，即可成功发送信号提示队友。

电子竞技员可以选择信号按钮发送“对方消失”来告知队友对方的潜在动向，还可以通过“对方在这有视野”信号按钮帮助队友锁定对方视野的范围。“对方在这有视野”如图 1–36 所示，“请求协助”如图 1–37 所示。

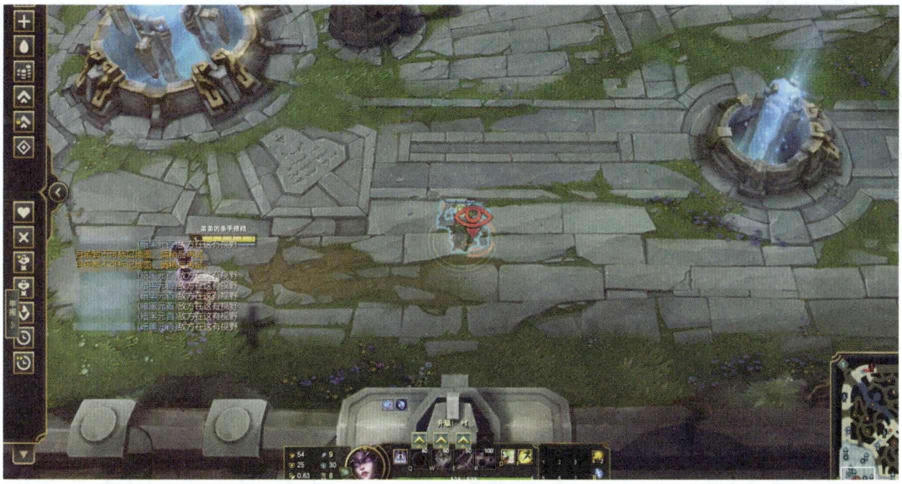

图 1–36　“对方在这有视野”

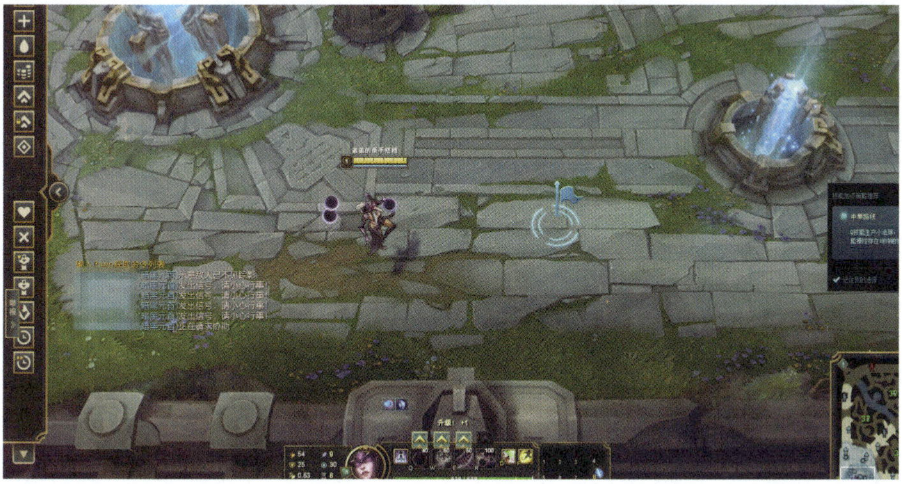

图 1–37　“请求协助”

二、电子竞技项目术语

电子竞技项目术语包括项目内角色名称、技能、地图与道具、战术与配合等多个元素的简称与俗称。

1. 角色名称简称

在英雄联盟中，英雄无极剑圣常被简称为“JS”或“剑圣”，扭曲树精被简称为“大树”，复仇焰魂因其技能特效和红色主题被玩家称为“火男”。

在刀塔中，圣堂刺客又称“TA”，风暴之灵因其蓝色的外观和敏捷的特性又称为“蓝猫”。

2. 技能简称

在刀塔中，撼地者的技能“沟壑”通常被简称为“挖沟”或“沟”，风暴之灵的二技能“电子涡流”能将对方角色牵引至身边，被普遍简称为“拉”。

在守望先锋中，源氏的终极技能“龙刃”开启时，常被称为“拔刀”。

3. 地图简称与术语

在 CS2 中，会用“A 点”“B 点”“中路”等术语来描述地图上的不同区域。

英雄联盟中的“上路”“中路”“下路”以及“野区”是描述地图位置常用的术语。

4. 道具简称

在绝地求生中，“M416”步枪因其高使用率被简称为“M4”，“急救包”常被简称为“大包”，“绷带”被简称为“小包”。

在多款游戏中，“闪光弹”常被简称为“闪”，用于快速传达战术信息。

5. 战术与配合

“Rush B”是 CS2 中常见的战术术语，意味着全队快速冲向 B 点。

在 MOBA 类项目中，“4 保 1”战术指的是四个队友保护一个核心输出角色；“Gank”指的是多个玩家协同作战，试图击杀一个落单的对方玩家。

6. 其他术语

“GG”是“Good Game”的缩写，常用于比赛结束时表示对对手的尊重和认可，也有主动认负含义。

“AFK”是“Away From Keyboard”的缩写，表示暂时离开了键盘，即不在游戏中。

“Carry”指的是在游戏中承担主要输出任务的角色。

例如，在真实的语言沟通时，完全不需要完整地说出“风暴之灵赶紧使用电子涡流”，电子竞技员可以说“蓝猫先拉”，用约定俗成的术语、快捷地进行沟通。

三、战队沟通

电子竞技战队在竞赛状态下的即时沟通是打出完美团队配合的关键要素。电子竞技战队沟通要注意以下几个方面。

第一，交流内容有效。电子竞技员在竞赛过程中高度集中、专注，沟通过程冗长、充斥大量无效信息都将使沟通丧失效率，造成注意力的分散。有效的沟通能快速帮助电子竞技员掌握全局情况，即时作出相应操作与决策。

第二，精确的信息传达。在短暂的信息交流过程中，如何精确地传达各类要素是职业战队训练的内容之一。尤其是在双方突然遭遇的情境下，精确地交代各电子竞技员操作角色的即时情况，对于新加入战局的电子竞技员至关重要。

第三，平稳的沟通心态。过于亢奋、丧失信心的沟通心态都会造成操作的变形或决策的失误。有经验的电子竞技员，总能保持平稳的沟通心态，不遗漏有效信息，也不传递错误信号。

以下是 KBG 俱乐部在一场英雄联盟的比赛中，团队成员之间的沟通与交流。

UU：武器（对方电子竞技员）没闪的。

DAT 大唐：在这看一下。

UU：他没点燃的，他有闪。

Kong：他交闪了，那没办法了。

UU：来看鳄鱼（对方电子竞技员）位置。

DAT 大唐：来打龙，来龙这个位置。

KG：我摇一套走了。

DAT 大唐：武器不在的，可以打。

DAT 大唐：没盾啊，现在。龙女，龙女！

UU：我 1 闪了。

Anran9：看后面，看后面，我觉得看后面。

KG：对面没伤害。

UU：武器一个人。

Anran9：我给他沉默了。

这是不到半分钟的交流内容，可以看出整个团队在交流过程中信息量非常充足，对于双方技能、位置、开团目标、阵型选择都进行了快速、有效的沟通。

学习单元 3　电子竞技团队操作技巧的配合

本学习单元主要梳理电子竞技员如何更好地将团队合作付诸项目行动中。在具体的配合行动中，思想共识是形成配合思路的基础，操作技巧是执行配合方案的关键，当意识水平和操作能力接近时更容易达成有效的配合。下面围绕两个 MOBA 类项目来具体讲解团队操作技巧的配合。

一、英雄联盟团队操作技巧的配合

1. 团队伤害计算

团队伤害计算不仅是单个英雄输出的简单相加，更需要考虑对方英雄的防御属性、当前生命值、可能存在的护盾或治疗效果，以及己方英雄的增伤和减抗技能。在团战前，团队成员应快速评估对方英雄的血量和抗性，选择合适的攻击目标和技能顺序，以进行最大化输出。同时，根据对方英雄的位置和移动速度，预判其可能的逃跑或反击路线，调整站位和输出角度，确保伤害能够准确且有效地打在目标身上。

一个典型的伤害计算案例是“斩杀”，主要应用于攻击对方坦度较高的英雄和争夺关键中立资源两种情况。攻击对方坦度较高的英雄时，如果未能淘汰减员，极易使己方在技能真空期遭受对方支援反打。因此，要求进攻前做好伤害计算，把握好己方各单位的输出水平，保证伤害足量淘汰目标，切忌出现省必要技能的情况。争夺关键中立资源时，为了减少被对方抢夺的概率，己方需要在中立资源血量进入斩杀线时，同时输出自己的爆发伤害将其瞬间淘汰。做到这一点需要明确己方各单位的爆发能力，以及一定的团队沟通配合。

2. 控制链衔接

一个成功的控制链可以长时间地限制对方英雄的行动，为团队创造极佳的输出环境。团队成员需要熟悉各自英雄的控制技能，包括眩晕、击飞、减速等，并根据技能的持续时间和冷却时间，合理安排释放顺序。在团战中，一旦有对方英雄被控制，团队成员应立即集火，快速消耗其生命值。同时，也要注意对方的反控制技能，如净化、解控等，避免控制链被打断。为了达到控制时间尽量长的目的，需要电子竞技员尽可能地在上一个控制效果结束的最后关头衔接下一个控制，这要求有极高的专注度和时机把握能力。如果对方已丧失逃跑和反打能力，则可适当放松，不必紧密衔接。

此外，更需要电子竞技员关注的是团控的衔接。团控衔接重点是通过先手，以更稳定、更易命中的团控技能，来保证后续控制以及 AOE 技能（范围伤害技能）打出良好的效果。以经典组合熔岩巨兽墨菲特 + 疾风剑豪亚索为例：亚索的 R 技能只能攻击被击飞的敌人，但仅依靠自己的技能很难在团战中达到击飞多人或击飞到对方后排 C 位的目的；墨菲特 R 技能若找准时机，能够在团战中实现大范围的击飞或精准击飞对方后排；依靠墨菲特先手寻找机会 R 开团，亚索接 R 的配合，能够达成效果优秀的开团目的。常见的能够和亚索配合的英雄还有皎月女神黛安娜、发条魔灵奥莉安娜、牛头酋长阿利斯塔等。这类配合的画面视觉冲击力也十分强大，是各类集锦中的常客。

3. 开团技巧

开团是指主动发起团战的行为。在开团前，团队需要评估双方的实力对比和战场环境，确保开团有利可图。一般来说，拥有先手控制技能的英雄更适合担任开团角色，如石头人、牛头等。他们可以利用技能突入对方阵型，打乱对方的站位和输出节奏。在开团时，团队成员应迅速跟进，提供必要的支援和保护，同时，也要注意对方可能的反打和支援，做好应对准备。

一个典型的开团技巧就是“带球进场”。发条魔灵奥莉安娜的魔偶（俗称“球”）拥有强大的控制和输出功能，但由于自身是一名脆皮法师，在团战中站位无法过于靠前，且对方会注意魔偶的位置，经常难以将魔偶调整到理想位置进行施法。通过将魔偶附着在友军单位身上，友军单位高速或位移入场，即可将魔偶调整到较为理想的位置，打出理想的控制效果和伤害。“带球进场”如图 1–38 所示。

4. 技能组合

技能组合是指将多个技能相互配合使用，以达到更强大的效果。在英雄联盟中，许多英雄的技能都可以相互组合，产生额外的伤害、控制或增益效果。团队成员需要熟悉各自英雄的技能特性，并在实战中不断尝试和摸索有效的技能组合方式。

图 1–38 “带球进场”

一个重要的技能组合技巧是“人造地形”。部分英雄拥有能够制造地形的技能，如冰晶凤凰艾尼维亚 W 技能、巨魔之王特朗德尔 E 技能（见图 1–39）、山隐之焰奥恩 Q 技能、德玛西亚皇子 R 技能等；部分英雄拥有能够与地形（墙体）互动的技能，如暗夜猎手薇恩 E 技能能够将敌人钉在墙体上，圣锤之毅波比 E 技能能够将敌人撞晕在地形上，青钢影卡蜜尔 E 技能能够借助地形进行位移等。当己方拥有上述两类英雄时，能够进行制造地形、利用地形释放技能的互动配合，达到出其不意的效果，但这需要团队成员良好的默契与沟通。

图 1–39 巨魔之王特朗德尔 E 技能

二、DOTA2 团队操作技巧的配合

1. 技能衔接

一般性的进攻分为先手—后手—伤害 3 个步骤。技能衔接主要包含先后手技能的 Combo（两个以上的英雄连续使用控制技能或高伤害技能）和伤害技能的跟进。

这里通过一个例子来简要说明如何进行技能衔接，拉比克和莉娜（Lina）的二人配合小组（假设都是满级技能）。拉比克的隔空取物是先手，一般就是拉比克先手举，Lina 接 T 技能，然后输出带走。这里 Lina 的 T 技能就是后手。拉比克的 Z 技能先手一般是为了留住敌人，Lina 的 T 技能后手则是为了继续控制敌人，增加输出时间。因此，这里就有一个技能最大化的问题。拉比克 Z 技能的控制时间是 2.25 秒，LinaT 技能的眩晕时间为 2.5 秒，在对手被拉比克 Z 技能后 0.75 秒的时间，Lina 接 T 技能就会只有 1.25+2.5=3.75 秒的控制时间（Lina 的 T 技能有 0.5 秒的施法延迟），比理论眩晕时间少了 1 秒。这样就浪费了 1 秒的输出时间，对手就有可能因为少吃了 1 秒的普通攻击伤害而逃脱。所以此时应该尽量在拉比克的控制时间即将结束，精确地讲则是 Z 技能后 1.75 秒时，Lina 接上 T 技能，将对方英雄持续控制住，这样能将控制时间打到最长。做好技能衔接的首要目标就是了解己方控制技能的时间长短，并将自身技能的施法前摇计算在内，而在有多个控制技能时，还需要注意技能释放的先后顺序，争取既能做到无缝衔接，又能实现控制时间最大化。

上文提到的拉比克、Lina 的组合是很常见的套路，但套路看多了就容易陷入思维僵化的误区，为了 Combo 而 Combo。还以上述组合为例：当 Lina 有机会先手的时候，也可以代替拉比克来完成先手的任务，这时拉比克只需要跟进后手就能够实现一样的效果。有时候先手并非一定得是眩晕技能，暗影恶魔的崩裂禁锢、复仇之魂的移形换位、先知的发芽等都是不错的先手留人技能。这些先手技能通常不能将对方英雄完全控制住，要想进一步跟进输出完成淘汰，还需要眩晕技能的后手跟上，尤其是在面对逃生技能比较强或持有黑皇杖的英雄时，后手控制技能的衔接就显得格外重要。

复仇之魂的移形换位就是一个对释放时机、队友默契要求很高的技能。如果队友有莱恩、龙骑士这样具有稳定控制的英雄，可以配合队友先手完成换羊、换晕等非常无解的技能 Combo，秒掉对方的关键英雄。此时团队的沟通和配合就相

当重要，如果没有第一时间衔接好技能，比如让对方趁机开出黑皇杖完成反打就难办了。更有甚者，如果换过来的是一个控制型英雄，己方控制没有接上，却让对方轻松换入人群，找到极佳的先手机会，此时复仇之魂的换位反而为对方做了嫁衣。

伤害技能和另外一些更具辅助功能的技能的衔接较为简单，直接在队友控制的时候同时跟进即可。

2. 战场预判

上面提到了在己方手握多个控制技能时，需要注意技能的释放顺序，这也意味着在淘汰机会出现时，不能一窝蜂地冲上去把技能都交掉，而要保持好阵型和技能释放的秩序。不仅如此，在某些特定的情况下，可以通过对战场的预判和解读，把重要的技能攥在手中，在关键时刻才予以使用，决定战局的走向。这里主要讲解控制技能该如何根据战场情况来选择释放。

莱恩（Lion）是非常适合先手的英雄，有两个强力的控制技能，一般的技能释放顺序是跳羊（巫术）先手，再接穿刺（裂地尖刺）。但是当对面有风暴之灵、痛苦女王等非常灵活的英雄时，Lion 可以选择把巫术这个瞬间控制技能攥在手中，在战场边缘静观其变。当风暴之灵和痛苦女王切入战场时，Lion 立即赶到将其控制住，配合队友集火秒之。

与之相似的，祸乱之源（Bane）的魔爪拥有 5 秒无视技能免疫的控制效果，能提供给队友充足的接技能、打伤害的时间。如果对方有噬魂鬼或者核心英雄持有黑皇杖，在机会出现时，Bane 可以配合队友先手，使对面英雄被控至死。在不甚理想的情况下，对方开出魔免即将打出极高伤害时，Bane 可以施用魔爪将其控住，队伍集火将其秒掉；即使不能完成击杀，5 秒的控制时间很有可能会消耗掉其魔免时间，此时再接以其他普通的控制技能，也能让其难以施展拳脚，遭到很大限制。

拥有单体控制技能的英雄可以根据敌我双方的情况，在战场开打之前就去判断自己是否需要留一手技能来针对对方特定的英雄。在战局之中，同时重点关注需要特殊“照顾”的英雄，做到冷静应对、一招制敌。

团控英雄往往是团队的胜负手，像谜团、潮汐猎人这样的英雄，一次好的大招释放可以带领团队走向胜利，而一次糟糕的大招释放则有可能葬送好局。如何释放团控技能：用一句话来概括就是在合适的时机，在有利的位置，控制到对方更多、更为关键的英雄。

控制对方更多的英雄自不必多说，而更为关键的英雄通常是对方的核心输出英雄，能控制住对方的核心并击杀，那团战基本就取得胜利了。有时关键英雄是对方的控制型英雄，如对方的控制能力很差，都集中在一个英雄身上，那对方这个英雄就是关键，要先手控制他，如沉默术士、末日使者等。还有时关键英雄是偏辅助类型的英雄，如神谕者、全能骑士等，他们的救人能力很强，一旦没有控制住这类英雄，就难以击杀对方的其他核心英雄。

团控英雄在打出控制时分为先手、后手和反手，先手要做到秒掉对方关键英雄；后手要接好技能，防止对方开出黑皇杖或者脱离战场；反手应保护阵型，打断对方的技能衔接。

团战时，有利的位置至关重要。当己方处在有利位置时，队友能够短时间内跟进技能，打出输出。如果能够在高低坡、视野、阵型层次等各方面都占优势当然更好。

课后练习

1. 简要阐述 MOBA 类项目伤害计算的主要应用情形及其注意要点。
2. 简要阐述 MOBA 类项目控制衔接的主要应用情形及其注意要点。

培训课程 3 竞技实战提升

学习单元 1　竞技状态的要求及调整

本学习单元主要介绍电子竞技项目对于电子竞技员竞技状态的要求和调整方法，且以 MOBA 类项目为代表展开讨论。总的来说，可以从身体状态、心理状态和认知水平三个方面提出要求，并总结出调整方法。身体方面主要关注手眼的稳定与协调、反应能力和注意力，心理状态主要从压力负荷和冷静程度阐述，认知水平主要包括情景记忆与检索、预判和决策能力等。

一、身体状态

1. 手眼的稳定与协调

手部的稳定与协调：键盘的按键、鼠标的移动和点击稳定、精准，补刀、攻击等操作手感顺畅、有节奏；肌肉操作能够与大脑反应保持一致，不出现由于过度激动或慌乱带来的手抖、误触，从而导致技能释放失误、攻击对象错误等情况出现。

眼部的稳定与协调：眼部活动保持极高的机动性和精准度，能够把握显示器上的全局要素，兼顾多要素的观察，适宜地进行主要观察要素的切换。

在英雄联盟的竞赛训练之前，电子竞技员通常在训练场进行自由单练或邀请陪练进行 1V1 练习，来调整竞技状态。选择不同的英雄进行不同的练习可以有重点地训练手眼的稳定与协调。针对英雄联盟，可以进行如下练习。

暗夜猎手薇恩：补刀节奏、移动攻击（走 A）技巧；暴走萝莉金克丝：适应不同攻击距离、强化拉扯能力；刀锋舞者艾瑞莉娅：技能释放精准度、技能和普通攻击的穿插衔接；复仇之矛卡莉斯塔：手部操作、距离把控、补刀节奏。

2. 反应力

反应力主要要求电子竞技员在极短的时间内对游戏内的各种刺激（如对方英雄的出现、技能释放等）作出快速且准确的应对。这种即时的反应直接决定了电子竞技员的操作效率。针对反应力，可参考以下调整方法。

热身运动：进行手部、腕部和肩部的轻度拉伸与热身运动，以增加肌肉的灵活性和血液循环，为即将到来的快速操作做好准备。简单反应练习：在正式开始之前，进行一些简单的反应练习，如点击出现的目标或快速按下特定的键，以激活大脑的反应机制。

3. 注意力

注意力要求电子竞技员长时间集中注意于游戏内的各种信息，如地图动态、对方位置、己方阵型等。同时，电子竞技员还需要在多个任务间快速切换注意力，以应对不断变化的游戏局势。针对注意力，可参考以下调整方法。

深呼吸与冥想：进行几分钟的深呼吸和冥想，有助于放松身心，减少焦虑，使注意力更加集中。设定明确目标：在比赛或训练开始前，明确自己需要关注的关键信息和目标，有助于更有针对性地集中注意力。排除干扰：确保比赛或训练环境安静、整洁，减少外界因素的干扰，如关闭手机通知、调整室内光线等。

二、心理状态

在极度专注和高压的竞技对抗情况下，电子竞技员的心理负荷迅速上升，可能会引起心理疲劳和消极情绪，要尽量避免，进而影响操作与行动。虽然一些理论认为一定的高压可以使人集中注意力，可以更快速地作出反应，但是过高的压力仍然有可能影响电子竞技员的竞技表现。

情绪也会影响认识和表现，如一个很小的操作失误所导致一次小规模战斗的失败，使己方与对方的经济差越拉越大，失败的压力和失误的懊悔有可能影响电子竞技员接下来的局势判断和决策选择，而保持一个平稳的心理状态，有助于在劣势阶段扭转战局。

一些研究者用冷静度描述人的个性特征，冷静度越高，决策受到情绪影响程度越低，心理状态就越平稳。大多数的电子竞技员在比赛中较为理性，即表现冷静度高的个性特征。高冷静度的电子竞技员会更加偏向以把握高低来决定是否进攻，而非收益的大小，如此可避免激动的、急躁的情绪影响其决策。

针对心理状态，有以下一些调整方法。

1. 压力负荷调整

压力模拟训练：在训练过程中，模拟比赛场景和紧张氛围，让电子竞技员逐渐适应并克服压力，通过逐渐增加模拟难度，帮助电子竞技员建立应对高压的信心和策略。放松技巧学习：电子竞技员学习有效的放松技巧，如深呼吸、肌肉放松练习、冥想等，这些技巧有助于在紧张情况下快速恢复和调整心态。认知重构：引导电子竞技员重新评估和调整对压力的看法，将压力视为挑战和成长的机会，而非威胁，通过改变思维方式，减轻心理压力对竞技表现的影响。

2. 冷静程度提升

情绪管理训练：电子竞技员学会识别、理解和调控自己的情绪，通过情绪日记、情境模拟等方式，增强对情绪的认知和控制能力。决策训练：在训练中设置需要快速决策的情境，让电子竞技员在压力下进行决策练习，通过反馈和分析，帮助电子竞技员提高决策质量和速度，同时保持冷静的心态。模拟劣势局面：故意制造一些劣势局面，让电子竞技员在不利的情况下进行训练和比赛，通过这种方式，培养电子竞技员在逆境中保持冷静、理性应对的能力。

三、认知水平

评估电子竞技员的认知水平，首先考虑情境记忆与检索能力。这是指通过收集和处理比赛中的信息，从记忆中读取储存信息从而产生特定的思维活动。竞技团队通常需要大量的赛训经验来提高团队的竞技能力，而在赛训过程中必然会通过复盘，分析得出遇到类似情境下次如何应对的方法。与缺乏经验的电子竞技员相比，富有经验的电子竞技员可能会使用这种方式获取更多的优势。

其次是预判能力。预判的行为将远远快于刺激出现后再做反应。随着经验的不断积累，在特定情况下，预测对手的意图可以即时调整应对战术，这是竞技对抗中最理想的情形。为了提高预判能力，电子竞技员需要学会收集和分析比赛中的各种信息，包括对手的行为习惯、团队配合模式以及比赛进程等；同时还需要学会运用逻辑推理和概率判断来预测未来可能发生的情况，并据此调整自己的战术和策略。

最后是决策能力，决策是指电子竞技员在比赛中根据当前情境和未来预测作出的选择和行动。根据席克定律，电子竞技员面临的选择越多，作出决策所需的时间越长。因此，在紧张的比赛中，如何快速而准确地作出决策就显得尤为重要。电子竞技员的赛训经验在此起到了关键作用。通过长期的训练和比赛积累，他们对于不同的竞技局面已经有了深入的理解和丰富的应对策略。这使得他们在面临复杂局面时能够迅速从记忆中检索出相关信息，并基于这些信息作出有效的决策。

然而，仅有经验是不够的。为了进一步提高决策速度和准确性，电子竞技员还需要进行专项训练。这些训练通常针对特定的战术体系和竞技场景，帮助其熟悉并掌握在这些情况下应该作出的最佳反应。

通常认知水平无法在竞赛训练前快速进行调整，这需要周期性的科学训练才能加以塑造和巩固。

学习单元 2　竞技情境下的电子竞技项目操作

本学习单元介绍在不同竞技情境下电子竞技项目内的操作与技巧，有 MOBA 类项目在特定情境下的移动与攻击操作、补刀技巧、技能释放技巧等，射击类项目在特定情境下的移动技巧和射击技巧。

一、英雄联盟竞技情境下的操作

1. 竞技情境下的移动与攻击

一对一对抗局面时，优势方需要对劣势方进行压制。在单纯地考虑普通攻击，不考虑技能的情况下，普通攻击距离更长的一方可以主动发起攻击，并在普通攻击或技能的冷却期主动退后，等待再次利用攻击距离优势发起攻击，从而形成靠近—远离—靠近的 S 形走位轨迹。

在团战的情况下，更要注意视野的问题，切勿向没有视野、没有信息的位置冒进攻击（尤其是脆皮英雄、C 位），尽量保证自己在相对安全、视野充足的地区进行移动与攻击。

2. 竞技情境下的补刀

在实战中，补刀的同时还要面对对方英雄带来的干扰和压力，兼顾对对方的攻防（见图 1–40），因此需要注意：补兵的时候远离对方英雄和己方兵线，减少被干扰和消耗的可能；谨慎使用关键技能补兵，使用关键技能补兵后将进入没有技能可用的疲软期，给对方进攻机会；尽可能地在对方靠近小兵时再使用技能补兵，同时达到消耗对方的目的。

图 1-40　走位攻击

3. 竞技情境下的技能释放

面对不同的竞技情境，电子竞技员操作选择的最优解会有所差别，在进攻竞技情境下是先手的技能，在防守的竞技情境下也可以是反手的技能。以下列举英雄联盟中有代表性的例子进行说明。

天启者卡尔玛的 R 技能梵咒是能够选择强化自己的一个基础技能。强化 Q 技能效果为增加爆炸范围、增强伤害、增加二段伤害、增强减速，应用于远距离留人、补伤害斩杀、Poke 消耗（远程消耗）的情境（见图 1-41）。强化 W 技能效果为增加回复效果、增加控制（禁锢）时间，应用于抬自身血量防止被击杀、中近距离留人控制的情境（见图 1-42）。强化 E 技能效果为将单体护盾变为群体护盾（主要目标护盾值提升、次要目标护盾值降低）并施加群体加速，应用于保护关键人物、团战群体保护和拉扯的情境（见图 1-43）。卡尔玛大多数情况下作为团队功能性英雄登场，更多地需要释放强化 E 技能，但不同情境下应当如何操作需要具体分析。

盲僧李青的 R 技能猛龙摆尾拥有高额伤害和击退效果。面对对方开团进场的情境，电子竞技员可以在正面使用猛龙摆尾将对方击退，避免己方被开；面对己方需要开团的情境，可以尝试绕后将对方关键人物反向击退至己方阵营中（见图 1-44）；面对需要打伤害、进行斩杀的情境，通常使用 Q、R、Q 技能或 R、Q、

Q 技能连招打出高额爆发伤害。

图 1-41　卡尔玛 R、Q 技能

图 1-42　卡尔玛 R、W 技能

图 1–43　卡尔玛 R、E 技能

图 1–44　李青回旋踢名场面

二、DOTA2 竞技情境下的操作

1. 仇恨机制的运用

小兵的仇恨机制是小兵会攻击半径 500 码范围内任何尝试攻击友方英雄的单位。这意味着如果攻击者在位于最近小兵 501 码处攻击对方英雄，不会触发仇恨机制。

以图 1-45 为例，对对线操作进行说明。痛苦女王与对方小兵的距离比对手要远，如果两者的弹道速度和出手时机相似，那么决定谁补到刀的因素就是攻击力。不过，英雄的攻击力是范围随机的，但优秀的电子竞技员不可能完全倚仗运气来拼刀。如果希望使用一些技巧在这次补刀争夺战中取得上风，这就需要利用仇恨机制。小兵血量降低的时候，普通攻击一下对方英雄，然后立刻后退，己方英雄可以拉近与小兵的距离而不会受到小兵攻击。如果小兵刚才离两名英雄都是 500 码的话，现在这个小兵离己方英雄只有 200 码，离对方英雄却有 800 码，对方英雄攻击的弹道飞行过程将会给己方英雄腾出宽裕的出手时间，从而更容易实现补兵。

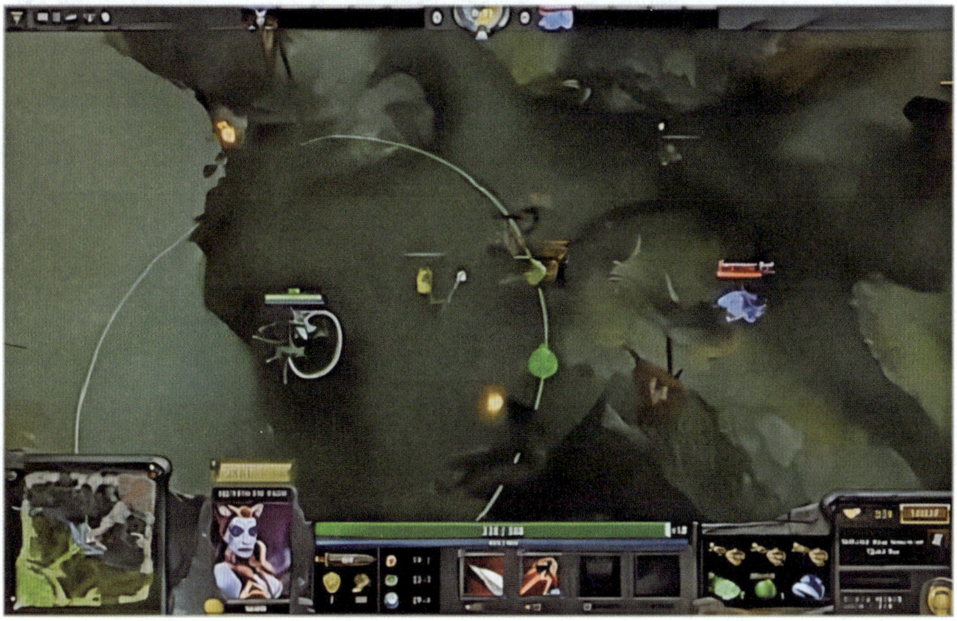

图 1-45　对线操作图 1

这种技巧的正确使用方法应当是尽可能在普通攻击对方英雄的时候调整站位，保证只有一个小兵被勾过来，这样比起勾来一整波小兵的推线难度更小。这需要电子竞技员对距离的把握更加熟练和精确。

上面的技巧也可以用来扰乱对方的补刀，如图 1-46 所示。有一个己方小兵正在受到大部分对方小兵的攻击。当对方小兵快要杀死这个小兵的时候，可以走到大部分对方小兵的仇恨范围内，然后普通攻击对方英雄。对方小兵会立刻改变目标来攻击己方英雄。如果掌握住时机，对手会计算失误，从而产生反补的机会。在这种情况下，需要利用 500 码的仇恨范围尽可能多地勾走对方小兵。

图 1–46　对线操作图 2

当对这个技巧越来越熟练的时候，就会发现其有无限可能性，甚至可以利用这一技巧来创造让对方防御塔第一时间在攻击范围内都不触发仇恨的真空时间。这些就有赖于电子竞技员们的深度开发了。

2. 兵线处理实战技巧

辅助英雄在压制对方劣势路英雄时，可能会在小兵仇恨范围内出手攻击，这样便会吸引小兵仇恨，占线发育的己方核心英雄反而离对方兵线更近。在此情况下，己方核心英雄试图用普通攻击消耗对方英雄时，也难免吸引小兵仇恨。对方小兵被拉仇恨次数多了，兵线就会逐渐向前推进，累积一两波兵后，己方核心英雄就难以通过正反补来进行控制。

正确的操作：辅助应该尽量站在兵线的侧面攻击对方英雄，确保和最近小兵的距离超过 500 码，而己方核心英雄为了配合队友压制对面时，应尽量越过兵线，而不是在兵线附近就朝着对方猛烈进攻，导致兵线失控。如图 1–47 所示，拉比克和剑圣两人合力试图将马格纳斯赶出经验区，且并未影响整体兵线。

边路的对抗不如中路那么激烈，时常下一波兵到达时，上一波兵还没有死亡，如果反补不到位，就很容易形成己方两个远程兵，对方只有一个远程兵的情况。因为远程兵在攻击近战兵时有 50% 的额外伤害加成，这会造成己方英雄容易漏刀。有经验的劣势路电子竞技员会在卡兵时卡好近战兵而故意放过远程兵，这样，当小兵相遇时远程兵会率先死亡，对方就很难控好兵线。

图 1-47 兵线处理实战技巧

当然，优势路的英雄也可以让远程兵来帮助自己控线。在比赛中，经常看到辅助英雄在出兵阶段就在线上等待，防止对方让远程兵走第一个。若碰到这种情况，辅助可直接用身躯挡住远程兵，让两方近战兵正常先行相遇。还有一种利用远程兵这个特点进行控线的方式：在己方远程兵附近普通攻击对方英雄，吸引小兵仇恨，对方近战小兵就会被吸引过来，取消攻击后，他们就会去攻击己方远程兵，从而达到控线的目的。

在游戏初期，拉野是辅助位最主要的经济经验来源，同时也是掌控兵线的绝佳手段。优势路可以拉小野、大野两个野点。拉野又有拉单野、拉双野和拉多野之分，下面简要介绍拉野的时机和技巧。在不太会受到干扰的情况下，尽量在拉小野时拉双野。因为一波小野并不能消化掉一整波小兵，会有小兵重回线上，而拉双野则不会有推线的担忧，且辅助位的经验、金钱收益更高。辅助位拉野时，核心英雄最好提前多普通攻击兵线，否则拉野后，血量护甲低的英雄很难扛兵，兵会进塔消耗塔的血量。在应对一些占线能力很强的劣势路英雄时，消耗和淘汰等方式都不好对付他们，拉野是个不错的选择。虽然线上压不住劣势路英雄，但可以一直推线拉野，每 2～3 波兵就能消耗掉一整波兵，对方英雄的经验自然会受到压制。

要配合队友推塔时，优势路的辅助可以选择拉单野，让对方小兵进塔，这样己方可以囤积两波兵到对方塔下，帮助推塔。尤其是在 3 分半和 6 分半时兵营会刷新攻城车，这时正是拉单野、屯兵、磨塔的绝佳时机。拉多野的前提是每到刷新野怪的时间都去屯野。在己方英雄推线能力足够，不必担心防御塔被消耗时，就可以无限拉野、囤野，这时对方劣势路英雄在线上几乎吃不到经验。

正反补仍然是最主要的控线方式，尽量正补最后一刀、经常反补，但在实战中，很难做到这么理想化的控线。

上述介绍的控线方法，需要综合对线的具体情况适当使用。还有一些更为特殊的情况，如蝙蝠、撼地神牛、德鲁伊等有特殊勾兵控线技巧的英雄，会有更具英雄特色的影响兵线的方式。

三、王者荣耀竞技情境下的操作

竞技情景下王者荣耀的操作与人机操作并无本质上的区别，这里更强调竞技情景中的对抗与预判。预判对手的操作和意图且隐藏自己的意图，是竞技情景下需要重点考虑的。

1. 竞技情境下的移动操作

（1）假位置。假位置是指在竞技场景下，故意向对方暴露自己的位置，这是为了混淆对方英雄视听。制造假位置的目的分为两种，一种是假视野，另一种是假方向。假视野是电子竞技员利用王者荣耀的视野机制，故意主动暴露自己的视野，让对方误解自己的意图。例如，中路法师清完线后假装往对抗路走，但事实上是在自己视野 2 秒消失后绕回外塔草丛，再去发育路支援，可以让对方措手不及（见图 1–48）。假方向是更为常见的移动操作，指电子竞技员往对方未预料的方向移动，以达到骗出对方技能的目的。

图 1–48　假视野移动操作

（2）“位移 + 伤害”（“伤害 + 位移”）技能组合。这是指位移技能衔接伤害技能打出出其不意伤害的移动操作技巧。一般来说，这一位移技能是为了召唤师技能“闪现”。许多英雄都可以通过闪现 + 攻击技能的技能组合进攻对方英雄，与闪现衔接的攻击技能一般是指向型技能。例如，虞姬在场上经常使用一技能立即接闪现的方法实现长距离、视野外打击（见图 1–49）。

图 1–49　虞姬的攻击技能 + 闪现

2. 竞技情境下的技能操作

在王者荣耀中，技能类型有四种，分别是指向型技能、锁定型技能、指点型技能和无方向技能。这四种技能类型中，指点型技能和无方向技能的释放环境相对简单，对释放时机和方式的把握难度不大。另外两种类型技能则都能够配合一些技巧或基于一些特定的竞技情境打出效果。所谓指向型技能，是指技能的释放方向即拖拽技能按钮的方向，如虞姬的一技能、甄姬的三技能、杨戬的三技能、兰陵王三技能等。锁定型技能是指技能的释放方向根据技能轮盘选中对象进行选择，如妲己的二技能、甄姬的二技能、诸葛亮的三技能等。

指向型技能分为穿透型技能和触碰型技能。触碰型技能接触第一个打击对象后便不再运动，如甄姬的三技能，且如果当对方悬空时，三技能将越过对象继续向后运动，所以当对方站在其兵线后或对方悬空时应及时通过位移技能或走位调整施法方向。电子竞技员在使用指向型技能时，需要精确计算技能的释放角度和时机，要结合对方的移动速度、方向以及可能的反应来进行预判，并通过拖拽技能按钮来调整技能的方向和距离，确保技能能够准确命中目标。此外，电子竞技员还应利用地形和视野优势，通过精准的指向型技能来制造压力或击杀机会。

锁定型技能虽然比指向型技能命中率高，但是在不同情境下需要选择正确的施法对象。例如，诸葛亮的三技能元气弹释放过程较长，容易被对方英雄发觉且易被其他血量高的对方英雄阻挡，这时应使用二技能或闪现调整施法位置避开障碍物，让元气弹顺利到达残血英雄处；甄姬在对线阶段，使用二技能锁定技能先打击后两个小兵，让其在小兵中弹射，能够更快清理兵线。释放锁定型技能时，电子竞技员应快速分析战场局势，准确选择最优目标进行锁定，考虑目标的血量、位置、威胁程度以及可能的阻挡或反制措施，以确保技能能够顺利命中并发挥最大效果。在团战中，电子竞技员要优先选择对方脆皮英雄或关键输出位置作为目标，迅速削弱对方战斗力。

四、CS2 竞技情境下的操作

1. 竞技情境下的射击操作

在竞技情境下，对方通常会比人机对抗时更加机敏，电子竞技员需要运用一些射击技巧来辅助射击操作的完成。根据对方透露出来的信息，如道具投掷的情况、对方暴露的声音等，电子竞技员去判断对方的大概位置，再选择射击方式。

（1）提前枪（见图 1–50）。提前枪：知道对方的位置，在自身视野中没有对方人物，提前将准星放置在自身从掩体后拉出时的位置，当对方正好出现在准星中时，在拉出去的一瞬间就选择开枪。这种操作方式大多数情况下，对方是反应不过来的。

（2）跑打。跑打指的是在移动的过程中开枪（见图 1–51）。跑打状态下冲锋枪的弹道和站在原地的弹道几乎相同，而步枪的弹道扩散更为严重。这是因为枪械都具备重量，重量越高，移动速度越慢，手持冲锋枪的速度比步枪快，所以相对于步枪而言，跑打更适合使用冲锋枪。在指挥下达对一个点位进攻时，选择使用冲锋枪的电子竞技员可以身先士卒、一马当先，配合队友的道具进行进攻。CS2 中有句俗语，“把把起野牛，三天大地球”，形象、生动地说明了冲锋枪跑打的优势。

（3）架点。架点的具体操作是站在一个相对安全的位置，站着不动把准星放在对方可能出现的位置。架点一般在 CT 方（反恐精英）运用得较多（见图 1–52）。

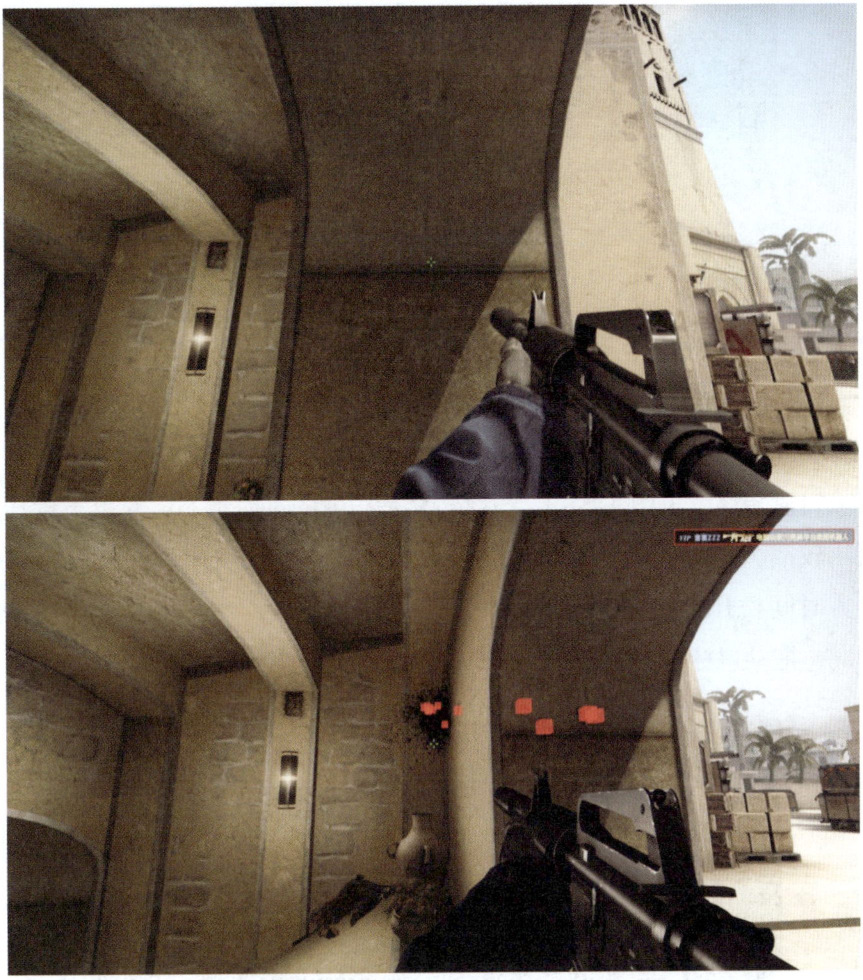

图 1-50　提前枪（红色点为子弹命中效果）

图 1-51　跑打

图 1–52　架点

（4）扫射转移（见图 1–53）。扫射转移是扫射的进阶形态，对电子竞技员控制枪械要求较高，使用场景一般为两名及以上对方人物同时出现在视野中，对方不会给己方时间松开鼠标左键，恢复准星。这种情况下，电子竞技员只能将鼠标左键按到底，拖动鼠标改变射击方向，以追求最大的连续淘汰。

图 1–53　扫射转移

2. 竞技情境下的移动操作

在竞技情境下的选位，需要结合当前赛场上的局势来选择。这需要电子竞技员对地图有充分的理解以及日常训练经验的积累。

（1）行走与移动的选择。行走是按住 Shift+ 方向键，以达到不发出声音就可以移动的效果，俗称静步。普通的按住方向键会发出脚步声，使对方发现自身的位置。静步与移动的选择需要电子竞技员结合场上局势进行判断。在集合进攻雷区或防守雷区时，应尽量选择静步，避免暴露进攻或防守信息给对方。“假脚步”也可以达成欺骗对方的目的。例如，在 B 点开两枪，然后向后跑，继而佯攻 A 点，跑出大约 10 米以后静步折回，继续进攻，很有可能把对方 B 点防守人员骗去 A 区。

（2）跳拉。第一个出去的选手不选择停止，继续往前走，这时对方的准星有可能会追随第一个出去的选手，走第二位置的选手就可以选择补枪。跳拉一般出现在 RUSH（集中攻击）的某一个点，或在没有闪光弹的情况下，为了避开对方的定点架枪。有时对方有狙击枪的情况下，也可以选择跳拉。

（3）Runboost。Runboost 对选手之间的配合默契程度要求较高，具体操作是一名角色蹲下，另一名角色跳到蹲下的角色头上，位于上方的角色跳跃一下，下方的角色站起，这时两人同时朝一个方向移动，上方的角色感觉速度到临界点时，位于上方的电子竞技员按一下跳跃，这时上方的角色就会朝移动的方向飞跃出去，移动距离相较于正常跳跃要远很多。这种移动方式可以避开对方的直架，尤其在面对对方狙击枪直架时有很好的效果，在一些地图中也会有出其不意的效果。

（4）双架。双架经常能打对方一个出其不意，最常见的双架位置一般是上下，两人直线上下移动。如果位置不佳，也可以一个角色站在另一个角色头上双架，如图 1–54 所示。

图 1–54　双架

课后练习

1. 在 CS2 中，跑打是什么？哪类枪械更适用于这种射击方式？

2. 与人机对抗情景下的操作相比，在竞技情景下，电子竞技员需要考虑的因素是什么？

职业模块 2
电子竞技战术实施

培训课程 1 战术针对性训练

学习单元 1 竞技目标的实现方法

竞技目标的实现直接依赖于竞技战术的有效实施，本学习单元通过英雄联盟、王者荣耀、CS2、炉石传说和街霸 5 五个项目竞技战术的具体实施来介绍如何实现竞技目标。

一、MOBA 类项目竞技目标的实现方法

在 MOBA 类项目中，电子竞技员为了取得胜利，往往在统一的整体竞技目标之下设置多个阶段性竞技目标，以期获得阵容、战斗属性、信息（视野信息、计算和记录双方信息以及团队交流沟通等）、兵线等多方面的优势，让团队在部署阶段、试探阶段、博弈阶段和决胜阶段占据上风。

1. 英雄联盟竞技目标的实现方法

下面将针对竞技战术的中层结构和底层支撑介绍英雄联盟竞技目标的实现方法。

（1）英雄联盟的中层结构和底层支撑。英雄联盟竞技战术的中层结构主要是指为实现竞技目标，根据顶层设计进行的团队分配和布局，主要包括分路战术、团队核心战术、分推战术、联动战术。英雄联盟竞技战术的底层支撑是每名电子竞技员对这些战术的贯彻执行，在实现团队总体战术时，结合自身理解和实际情况，进行精细化处理，如掌握好具体的推线时机，在对抗时运用小技巧、小细节获取优势等。

四大主要战术需要电子竞技员掌握其战术实质及表现形式，并能够运用到实际操作和团队配合中，表 2–1 是四个战术的详细介绍。

表 2–1　英雄联盟竞技战术的中层结构

中层结构	战术实质	表现行式
分路战术	5 人团队的 3 路及野区资源分配问题	如 Roam 流、EU 流、逆 EU 流等
团队核心战术	5 人团队的性能组合问题	如全球流、四保一、大招流等
分推战术	3 路兵线线权博弈问题	如四一分推、一三一分推等
联动战术	对战前中期的队员联动问题	如中野联动、野辅联动等

1）分路战术。分路战术的 Roam 流是英雄联盟最早的战术之一，发源于北美赛区。该战术叫法源于英文单词 Roamer（漫步者），是指在各条线游走，帮助队友击杀及入侵野区的人。在英雄联盟初期的线路分配上，大多采用 2–1–2 的打法：上路 2 人、中路 1 人、下路 2 人。北美赛区的电子竞技员开始使用一些打野有优势的英雄对野区进行资源开发，逐渐形成了上路下路单带、中路单带、半肉坦克和辅助 2 人下路发育、打野游走的体系，即以打野游走为战术核心的双核心体系。

EU 流则是最为普遍的上单、中单、打野、辅助保护下路发育的体系，发源于欧洲赛区。逆 EU 流也被称为换线战术，包括上路下路换线和中二战术。上路下路换线：选择擅长抗压的单线坦克英雄走下路，将下路双人组合换到上路压制对手上单。中二战术：将下路双人组合换到中路压制对方的近战中单，合适时机辅助配合打野入侵野区或支援上下两路。

2）团队核心战术。团队核心战术的全球流是指团队组成上选择具有极大范围或全局范围技能的英雄，或是利用召唤师技能“传送”，随时支援队友进行团战的战术。四保一是指在团队组成上选择 4 个保护型英雄为团队单核心创造输出环境的战术。大招流也被称为大招 Combo 流，是指团队组成上选择兰博、石头人、发条魔灵、德玛西亚皇子、疾风剑豪等英雄，通过大招衔接配合取得团战优势的战术。

3）分推战术。分推战术的四一分推是将队伍分为两个部分：4 人抱团在正面牵制对方，1 人在另一条线快速清线推塔，压制对方防守节奏，以点破面打开推进局面的战术。四一分推可以利用分带英雄的强势特点，由单个英雄强势带线吸引对方，正面 4 人趁机推塔、攻打重要野区资源或强制开团；如果对方进行分线回防，单带英雄也可以凭借自身支援效率，在对方回防时迅速支援到正面战场，形成五打四甚至五打三的优势局面。同理，一三一分推是指己方两个英雄分别上下双线推进，剩余 3 人抱团中路推进的战术，其中中路作为主要战场便于边线的支援，降低推进英雄的风险，提高容错率。

4）联动战术。联动战术是更为常用，也更为细节的战术，通常指的是少数队员在局部博弈中所进行的配合。相比于前三种战术，联动战术并没有特别具体的模型，而是靠两位或者 3 位电子竞技员根据所操控英雄的特性和局势所开展的小规模战术配合。

（2）竞技目标的实现方法案例。

1）中层结构的实现方法——分路战术。英雄联盟 2018 年 LPL 夏季赛总决赛第二局上演了极具观赏性的一幕，被称为“IG 黑色五分钟”，以下以这段 4 分 48 秒的精彩运营为例，进行竞技目标的实现方法解析。

对阵双方为 RNG 战队和 IG 战队，游戏版本为 8.16。双方 BP（Ban and Pick，禁用与选用）结果如图 2-1 所示。

图 2-1　2018 年 LPL 夏季赛总决赛第二局 BP 详情

蓝色方 RNG 战队阵容：上单塞恩、打野塔莉娅、中单瑞兹、下路卡莎、辅助布隆。

红色方 IG 战队阵容：上单厄加特、打野凯隐、中单佐伊、下路艾希、辅助塔姆。

蓝色方 RNG 战队禁用：扎克、青钢影、维鲁斯、盲僧、奥拉夫。

红色方 IG 战队禁用：索拉卡、阿利斯塔、阿卡丽、古拉加斯、洛。

RNG 战队取得了阵容上的优势，在人工智能评分系统中，RNG 战队的阵容得分为 95%，而 IG 战队的阵容得分为 83%。该系统会统计所选阵容的四大特质，分别为 Lane 分线、Role 角色特质、Damage 伤害构成、Game 强势期，然后对比该阵容的这些特质满足一个全面阵容目标需求（Goal）的程度。双方具体评分如图 2-2 和图 2-3 所示。

图 2-2　RNG 战队阵容 AI 评分

* 该评分仅为人工智能评价结果，Role 一栏从上至下依次为硬控、强开团、高机动、远程消耗、清线能力。

图 2-3　IG 战队阵容 AI 评分

从以上两图中看到，RNG 战队阵容的弱点为缺少一定硬控，而 IG 战队阵容缺乏防强开能力、清兵能力，阵容上也相对较脆。从团队组成而言，IG 战队在前期比 RNG 战队更容易获取优势。但在实际战况中，RNG 战队凭借出奇的战术和精妙的运营在对局开始 5 分钟积累了极大优势。

双方符文详情如图 2-4 所示。

图 2-4　双方符文详情

对局 1 分 25 秒，RNG 战队的打野、下路和辅助三人排掉 IG 的视野，抱团入侵对方红 Buff（增益）区（见图 2–5），IG 战队打野察觉后放弃红 Buff，RNG 战队下路顺路去上路卡兵线。

图 2–5　对局详情 1

如图 2–6 所示，此时 RNG 战队上单在己方红 Buff 区利用塞恩被动拿下红 Buff，打野则回己方野区攻打蓝 Buff。至此，RNG 战队通过战术运营形成 3 Buff 开局。

2 分 09 秒，塞恩拿到红 Buff 后传送到下路，补一个小兵后经验升到 2 级。而 IG 战队打野被 RNG 战队换线双人组（下路吃线、辅助干扰）封锁在己方二塔附近，无法靠近兵线。至此，RNG 战队实现上单英雄等级领先，如图 2–7 所示。

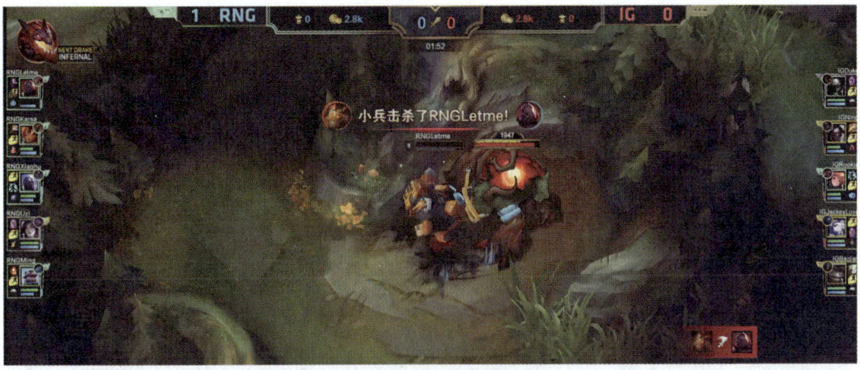

图 2-6 对局详情 2

图 2-7 对局详情 3

2 分 30 秒，IG 战队打野选择来到 RNG 战队红区，发现 Buff 点已空，转而去下路，试图越塔强杀 RNG 战队打野。而塞恩利用红 Buff 和防御塔顺利反杀，2 分 38 秒 RNG 战队拿下一血，如图 2–8 所示。

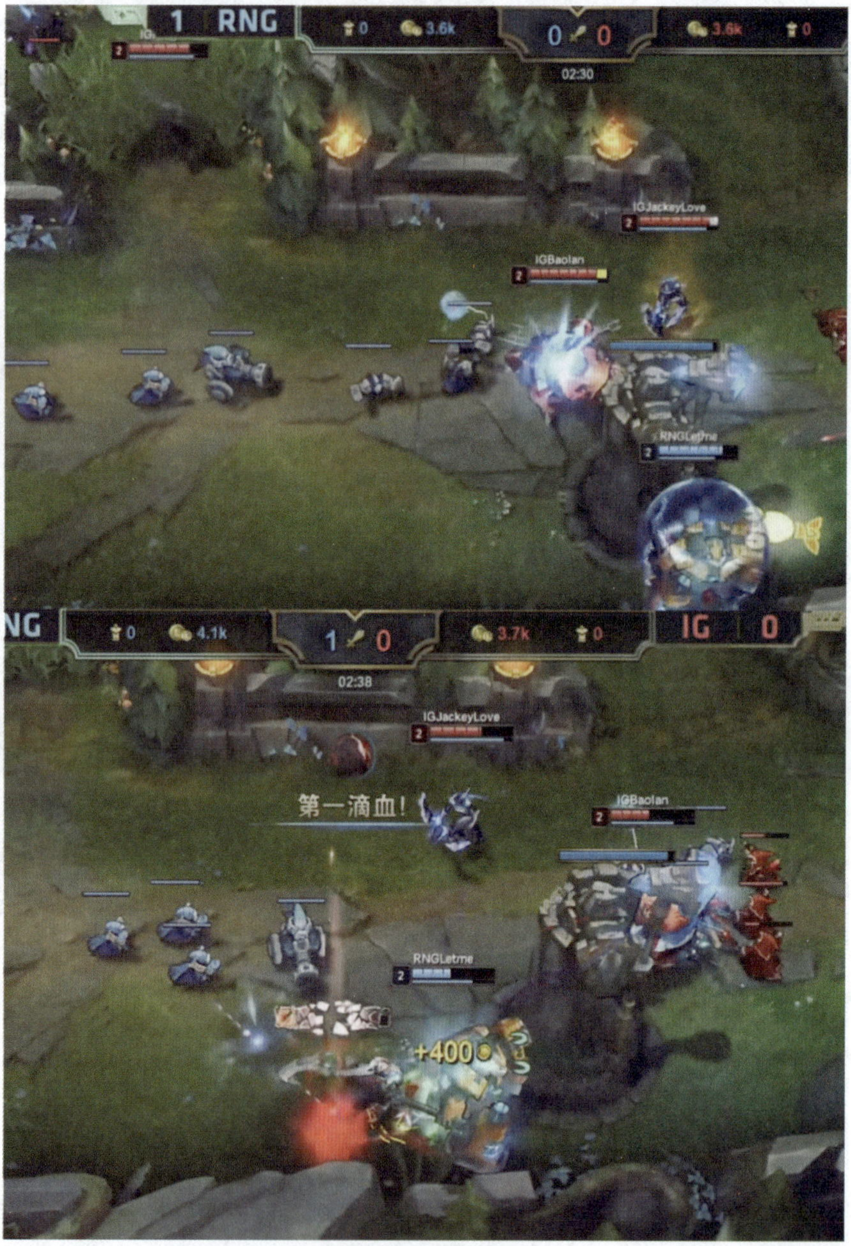

图 2–8　对局详情 4

2 分 58 秒，IG 战队上单仍被封锁在二塔范围，开局近 3 分钟等级依然停留在 1 级，只能被迫打石头人野怪获得经验和金币，如图 2–9 所示。

图 2-9　对局详情 5

3 分 25 秒，RNG 战队上单领先对位 3 个等级，到达 4 级，如图 2-10 所示。

图 2-10　数据面板

3 分 33 秒，RNG 战队、IG 战队双方上路、下路均回城。此时，RNG 战队的上、野、下三路具体对位情况如下。

- RNG 战队上单领先对位 10 个补兵且等级领先 3 级。
- 打野领先对位 7 个补兵且等级领先 1 级。
- 下路领先对位 4 个补兵。
- 辅助落后对位 2 个补兵且等级落后 1 级。
- 团队经济领先 0.8K。

至此，RNG 战队在堪称完美的情况下完成第一次逆 EU 流战术，完成换线。

IG 战队决定上路下路换线应对当前劣势，而 RNG 战队精准预测对方意图，开始第二次上路下路换线战术。3 分 43 秒，IG 战队上单传送下塔，而此时 RNG 战队上单已经回到基地赶往上路，如图 2-11 所示。

图 2–11　对局详情 7

4 分 15 秒，IG 战队上单发现自己在换线后遇到的依然是对方二人组，直接回塔下再次回城，他即将面对的是等级、装备遥遥领先的冰川增幅符文塞恩。RNG 战队利用对方回城的时间推进兵线，积累经验和经济优势。至此，RNG 战队第二次换线战术完成，如图 2–12 所示。

图 2–12　对局详情 8

4 分 58 秒，RNG 战队上、野、下三路具体对位情况如下。

- RNG 上单领先对位 17 个补兵且等级领先 3 级。
- 打野领先对位 3 个补兵。
- 下路领先对位 10 个补兵且等级领先 1 级。

- 辅助落后对位 1 个补兵。
- 团队经济领先 1K。

在短短 5 分钟内，RNG 战队获得队伍等级、经济极大优势，这 5 分钟也被称为“IG 黑色五分钟”。

2）底层支撑的实现方法——推线、视野等细节处理。在本案例中，RNG 战队不但通过换线战术完成了极佳的中层结构搭建，在底层支撑的实现方法上，也将细节处理得恰到好处。

比赛开始，RNG 战队辅助在协助打野拿红 Buff 后，在上路野区不断游走，干扰对方视野。当 IG 战队察觉对方的换线战术后，辅助选择协助下路尽快推线，如图 2-13 所示。

图 2-13 推线处理

2 分 09 秒，当 RNG 战队上单传送到下路时，红色方兵线已经靠近防御塔范围，而 RNG 战队下路在上线后通过卡兵线的方式将兵线控制在中间位置。此时 RNG 战队的处理方式是对己方有利的，对方上单由于距离、方位等因素不会贸然补兵；IG 战队将兵线推到对方塔下后，对方上单可以利用防御塔的保护在塔下安然补兵，过于激进的兵线也为接下来 IG 战队打野游走突击失败，反送一血埋下伏笔。

本案例巧妙展现了英雄联盟竞技目标的实现方法。在实际竞技中，中层结构和底层基础往往是难以分割的，只有精细地完成细节才能为实现中层结构的战术打好基础，从而积累各方面优势，让团队在部署、试探、博弈和决胜各阶段占据上风。

2. 王者荣耀竞技目标的实现方法

基于王者荣耀预设规则，单局整体竞技目标为摧毁对方基地水晶，需要通过多个阶段性目标的实现而达成。阶段性目标可大可小、多种多样，可包括获得战斗属性优势、信息优势、兵线优势、防御塔优势等。

不同阶段可能使用不同的推线方法，一种分推方法也可能一以贯之。下面主要从分推方法入手分析阶段性目标的实现。

（1）四一分推。四一分推较为基础，是大部分战局中都可能出现的战术。四一分推中的一是带线、推塔的关键点，给对方创造兵线压力，其余四个英雄在正面战场给予压力。正面战场主要以带己方兵线、占视野、获得公共野区资源、干扰对方发育、阻碍对方兵线进程等方法来扩大己方优势，压制对方发育，为关键位英雄创造更大的推塔空间。关键位英雄需要单独、快速带多路兵线进对方防御塔，并摧毁防御塔，从而获得更多的生存空间与输出空间。

四一分推适合部署阶段、试探阶段、博弈阶段和决战阶段全过程。

以 2020 年世界冠军杯小组赛 DYG 战队对 MTG 战队为例（见图 2–14），DYG 战队是较为标准的四一分推战术，芈月因其较为灵活和单独对线强度，在上路单带，其他四人在中下带线。

图 2–14　2020 年世界冠军杯小组赛 DYG 战队对 MTG 战队

从阵容方面看，四一分推的阵容中需要有一个行动灵活、支援速度快、保命能力和单挑能力强的英雄作为关键带线位，如关羽、哪吒、刘邦、韩信、芈月等。

输出位可以是站桩型和阵地型的英雄，能够保证输出能力和输出速度。游走位或其他位置需要至少有一个能随时持续性提供视野信息的英雄，以保证输出位的生存空间。一般来说，坦克型英雄的视野能力最强。

在博弈阶段，灵活、支援快的关键位英雄大多数时间在与队友相隔较远的线上带线、推塔，持续为对方制造带线压力。同时，其他英雄尽量在其他线或野区抱团发育、战斗，并且需要在对方被兵线牵制暂时减员时，频繁、主动上前“交流”。因为人数有优势，战斗是四人团的主要行动原则，坦克围绕输出位在重点位置提供视野。

从个体经济方面看，四一分推主要分为两个集团，关键位英雄通过单带和支援能够快速发育获得超高经济，抱团四人中的输出位经过资源倾斜和保护也应处于全队经济高位。关键位芈月经济全队最高，四人团核心李元芳 1.9k 经济位居第二，如图 2–15 所示。

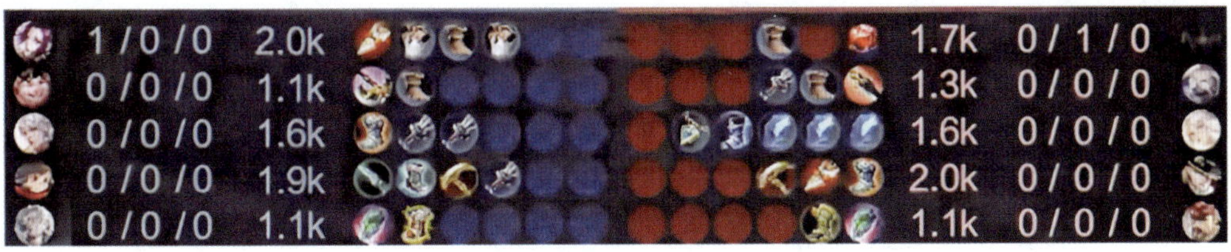

图 2–15　经济图

四一分推作为推线战术，最可能达成的阶段性目标即兵线优势与防御塔优势，同时关键位的经济优势也是达成阶段性目标的必要条件。经济优势主要依靠站位配合、项目理解、个人操作等来实现。

（2）三二分推。三二分推是指三个英雄集团与两个英雄集团分别在发育路与对抗路打团压线。一般情况下，发育路三人团是法师、射手和辅助的组合，对抗路两人团是打野和对抗路英雄的组合，主要以人数压制获得阶段性胜利，如快速清边线、击败对方英雄等。这种法师频繁支援发育路的情况势必会影响中路兵线的推线速度，所以需要其他位置的英雄帮助提高清理中线的速度，这种战术为抢中轴，抢中轴是三二分推的基础。

三二分推因其擅长打减员小团战的特性，更适合试探阶段和博弈阶段。

以 2022 年 KPL 夏季赛 TTG 战队对 eStarPro 战队比赛为例（见图 2–16），镜与夏侯惇在对抗路周围野区形成两人团，打属性压制，沈梦溪、虞姬与兰陵王在下路打团。

图 2-16　2022KPL 夏季赛 TTG 战队对 eStarPro 战队

从阵容方面看，三二分推也需要打野位有一定的机动性，能够快速转线。由于战术需要抢中轴，所以射手需要具备一定的抗压能力，在试探阶段与博弈阶段保证发育路人数少时的稳定，如李元芳、虞姬等。

三二分推的基础是抢中轴，只有解放中路，才具备发育路三人团的可能，所以在试探阶段或博弈阶段，打野或辅助帮助中路清理兵线。根据游戏机制，打野在四分钟前不分摊中路经济与经验，所以打野和辅助最适合帮助提高中路清线能力。快速清线后，中路迅速转发育路与射手、辅助一起通过人数优势打团；打野暴露假视野实则是向对抗路靠近，同样和上单打人数压制团战，双边路齐头并进推线。

从个体经济方面看，虽然在试探阶段中路的资源不会被分摊，但是频繁转线会导致中路的发育效率较低，所以中路的经济可能会处于全队垫底状态，但是只要节奏良好，依旧可以和对方对位经济拉开差距。也正是经常性收取中路资源的缘故，打野的发育非常健康，且打野也需要经济来提高自身属性，防止在收割资源时被冲击掉点。从全局来看，打野的经济最突出。虞姬和镜的经济最高，沈梦溪发育较为健康，如图 2-17 所示。

三二分推比四一分推更强调兵线优势，尤其是中路的兵线优势，三路同时推进，提高防御塔摧毁效率。中单频繁转线的重要条件是视野信息的优势，否则中单的生存空间较为狭小。

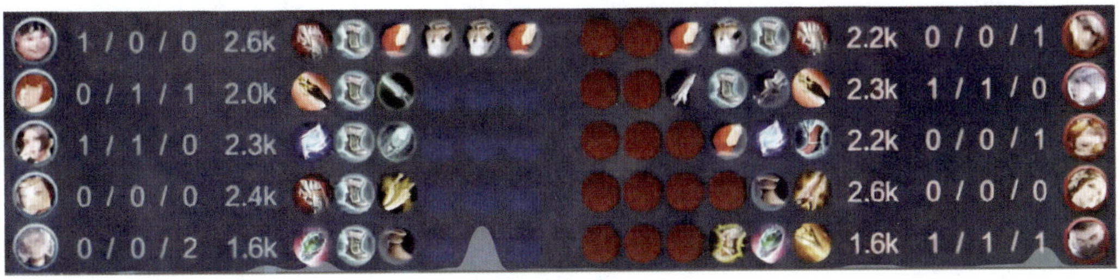

图 2-17　经济图

（3）四保一平推。四保一平推是指四个英雄保护一个英雄完成清线、推塔、发育、抢龙、打团、抓人等行为，来获得最终的胜利。这种战术要求其中一个英雄有绝对的输出能力，能够保证全队的高额伤害，同时其余四个英雄通过各自的努力保证关键英雄的输出与生存空间。通常情况下，这一关键英雄是射手位。四保一平推主要打正面战，对于操作的要求较低，适合新手，但非常依靠电子竞技员之间的目标一致性。

四保一平推因其过于单一的核心结构，更适合博弈阶段和决战阶段。

以 2022 年 KPL 夏季赛 eStarPro 战队对 AG 战队比赛为例（见图 2-18），铠先手开团，张飞右侧保护，关羽绕后控制，干将莫邪赶往战场，这四者在站桩射手蒙犽周围贴身保护。

图 2-18　2022 年 KPL 夏季赛 eStarPro 战队对 AG 战队

从阵容方面看，四保一中的输出关键英雄一般是站桩型射手，其必须具备超强的输出能力和打击效率，如伽罗、黄忠、后羿等。其他位置主要起到承伤、控制、支援、增益等辅助性作用，可以更好地发挥关键英雄的输出作用。当然，加入灵活、机动性高的英雄补伤害，可以提高打击效率。

四个辅助性英雄以关键英雄为中心，在其周围发育、贴身保护或提供视野，所有的英雄站位应较为聚集，所以无论是清线、团战还是野区发育，己方人数都应具备小幅优势。不过正因为聚集性很高，所以全局视野信息较少，全局推线效率较低。为了保证推塔效率，这一阵容大部分阶段都在线上清线推塔，相应也应频繁地转线换线，所以转线效率至关重要。增加移动速度的增益装备或辅助可以帮助提高转线速度，如装备奔狼纹章、疾步鞋或英雄孙膑等。

从个体经济方面看，四保一平推的经济高位非常直接，大部分的经济应聚集在关键输出位射手身上，将后期射手的强势期提前至少 5 分钟，使射手的装备快速成型，从而具备高额输出能力。否则，即便有高经济位，但并非射手位，输出天花板较低，导致阵容的整体输出总量低，想获得最终的胜利也较为艰难。四保一平推的推线效率较为低下，且抱团发育会导致发育效率不佳，所以必须通过打团获得更多的经济压制和野区资源，帮助射手快速成型，即以战养战。蒙犽经济位于全队第一，为 6.9k，高于对位射手经济 1.2k，如图 2-19 所示。

图 2-19　经济图

四保一平推最重要的是获得经济优势，当快速发育成型后，团战优势这一竞技目标较容易达成，但是防御塔优势和兵线优势的竞技目标需通过团战优势或阵容补足来逐步实现。

（4）速推。速推是一种较为极端的战术，思路也更加单一，只以推塔或偷塔为阶段性竞技目标，不主动发起任何对抗战斗，快速推塔是唯一行动原则。这一战术只适合快速升段，适用于低端对抗战局。

速推战术在部署阶段对团队阵容有着严格的要求，且在接下来的试探阶段、博弈阶段和决战阶段一直保持速推战术。

以 2019 年 WCG 中国队对巴西队这场比赛为例（见图 2–20），中国队苏烈、李元芳、百里守约、刘禅和米莱迪的阵容仅用四分钟就拿下一局。五人全部抱团进攻下边路，几乎不转线，只进攻一路。

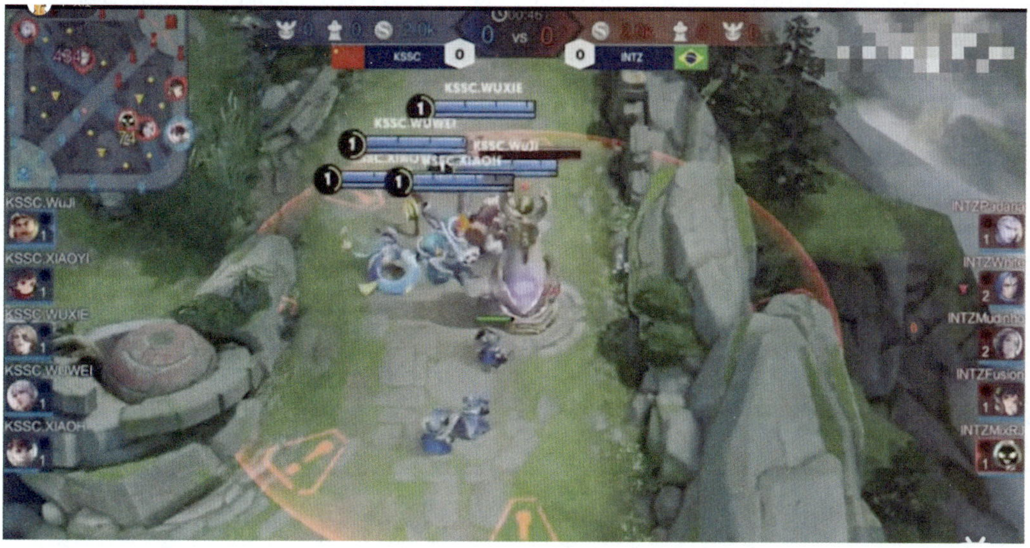

图 2–20　2019 年 WCG 中国队对巴西队

从阵容方面看，速推战术的英雄选择范围较小，基本上只选择推塔能力强、速度快的英雄，如米莱迪、刘禅、李元芳等。这些推塔性质的英雄一般围绕着大乔来快速转线、撤退等，以保证最快的推塔速度。

速推战术并不注重某一个英雄的个体经济，因为这一战术不适合参与任何战斗，无论是先手还是反手，战斗能力都非常薄弱，采取的战斗策略一般是打得过就打，打不过就撤退。

二、射击类项目竞技目标的实现方法

下面以 CS2 为例，介绍射击类项目竞技目标的具体实现方法。

1. 地图关键点位控制

在 CS2 控图战术中，地图控制是重要的一环，以 inferno（炼狱小镇）地图进攻方地图控制为例进行介绍。

（1）香蕉道控制。香蕉道是 inferno 这张地图上比较关键的点位，进攻方和防守方前期根据自身战术可能会在香蕉道进行大量的道具互换。下面对常用的进攻方控制香蕉道打法进行讲解。

1）开局投掷石板隔断烟或木桶火。这一步的目的是防止防守方 AWP（狙击步枪的一种）使用者开局配合队友闪光弹抢到木板位置，或配合闪光弹使用长短枪械进行大规模前压，强行控制香蕉道。

2）隔断烟快消散时，完成沙袋后火与近段火的投掷，让防守方被迫撤退且无法达到补枪目的。随后，进攻方配合匪口队友的石板藏烟闪，完成对香蕉道的全部控制。

（2）侧道控制。进攻方的侧道是最为关键的信息位置，也是 A 包点最优补枪区域。但由于地图过于狭窄，对于进攻方的配合同步率以及个人经验有着非常高的要求。

1）开局常规 VIP 火，一方面阻止防守方第一时间从锅炉房上至二楼完成优势选位，另一方面让队友有足够时间提前到达旋梯附近，准备与跳上 VIP 的队友完成同步。

2）VIP 火扔出后可视匪口队友情况，丢出侧道弹墙闪，避免防守方 AWP 使用者开局贴墙前压偷人；随后登上 VIP 与旋梯队友一起完成 A2 以及锅炉房的控制；之后静候中路队友到达。

（3）A1 与连接的控制。香蕉道与侧道完成初步控制后，香蕉道三名队友中留下一名听取对方脚步声并侦测信息，剩下两人则回到中路就位，准备配合锅炉房队友完成对 A1 与连接的控制。

1）中路闪光后双人拉出清空有可能还在架点的防守方，随后找好自己的道具位置以及沟通进攻顺序。

2）确认无人后则进行连接烟、马棚火、弹墙闪的一系列操作，之后配合锅炉房队友一起出击，完成对 A1 与连接近点可能存在的对方进攻与地图控制。

至此，inferno 地图控制彻底完成。

2. 决战阶段进攻

在做完一系列地图控制操作后，按照进攻方开局满道具配置为每人一烟、两闪、一火来进行计算，此时团队整体资源应当为烟雾弹 3 颗，燃烧弹 1~2 颗，闪光弹 5 颗的配置。之后则可以在决战阶段进行关键的道具投掷。

（1）决战阶段进攻方道具投掷。根据之前进行的道具统计，将团队整体道具进行合理分配，并按团队日常训练职责分工：谁投掷哪里的道具，谁突破，谁补枪，谁断后，做好决战阶段进攻准备。

1）A1 爆弹进攻必要道具：小坑连接烟、大坑火、A 二楼草车烟、A 二楼包点闪，如图 2–21 和图 2–22 所示。

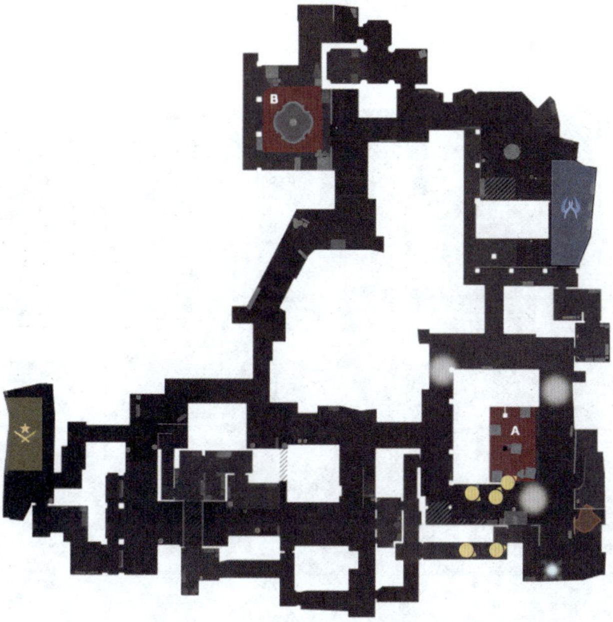

图 2–21　道具投掷进攻平面俯瞰效果

注：橙色框为燃烧弹，黄色带箭头圆点为进攻方成员，白色烟雾状为烟雾弹，白色爆炸形状为闪光弹。

图 2–22　A 区道具覆盖效果

连接烟和小坑连接烟可以阻断连接位置的防守方帮助 A 区防守，草车烟可以阻挡 A 包点防守方对 A2 楼进攻方的枪线，大坑火可以使防守方无法站在大坑，逼出可能站在大坑的防守方。

2）连接夹击 B 点必要道具：B 包过点烟、三箱 / 死点火、B 区瞬爆闪（意为闪光弹恰好在想要致盲的对方视野中爆炸，未给对方反应时间）、书房前点烟、出拱门前闪，如图 2–23 和图 2–24 所示。

图 2–23　道具投掷进攻平面俯瞰效果

B 包过点烟可以阻挡台上的防守方对 B 口和警家进攻方的枪线，三箱 / 死点火可以使防守方无法站在三箱 / 死点，并逼出可能站在三箱 / 死点的防守方，书房前点烟可以使进攻方成功进攻至警家。

图 2–24　B 区道具覆盖效果

3）B 点爆弹进攻必要道具：CT 烟、棺材烟、三箱 / 死点火、包点瞬闪，如图 2–25 和图 2–26 所示。

图 2–25　道具投掷进攻平面俯瞰效果

图 2–26　B 区道具覆盖效果

CT 烟可以阻断花园防守方的枪线，棺材烟可以阻断棺材防守方的枪线，三箱 / 死点火可以使防守方无法站在三箱 / 死点，并逼出可能站在三箱 / 死点的防守方。

（2）在进行地图控制的过程中，防守方也会根据进攻方的开局道具，用烟、火等关键道具进行反制。因此，进攻方在控图时仔细计算防守方道具的使用数量，也是一个至关重要的信息收集点。在当前版本中，道具是可以通过丢弃扔给队友的，所以也需要考虑到对方将道具囤积在某一点，如 inferno B 区的花园，让站在花园位置的防守方不停地反烟拖延进攻方的时间。

爆弹进攻的选择，就是针对这一包点内防守方道具不充足，选择对较为依赖道具拖延的 B 点进行第一时间的爆弹破点，放弃极其容易被防守方交叉火力打击且不需要太多拖延类道具的 A 点进行强攻。

如果防守方道具充足，进攻方则可以选择慢摸打法，不漏信息试图抓到防守方的一些关键时机，如防守方正好捏着道具准备在进攻方爆弹进攻时反道具，被静步干拉的防守方打掉，进攻方打掉防守方之后再进行第二时间的道具投掷，拖延防守方的回防时间。这是一种高风险、高回报的行为，一般不推荐。

除了对方道具信息，还有一个关键信息点是防守方的驻守人数。优秀的防守方能够让自身的人数信息不轻易被进攻方获取。此时，进攻方需要通过两个方面进行思考。

1）在不清楚对方在第二时间的动向，也就是是否进行重防的前提下，可以通过开局防守方道具的投掷程度或不同枪械的声音来判断防守方第一时间在此点位的具体人数，之后选择对哪一包点进行进攻。

2）留一人假打道具对一包点进行佯攻，诱骗防守方回防进攻方本不打算进攻的包点，大概 5 秒后，主要的进攻部队开始进行爆弹等一系列操作，将准备去回防或已经回防的防守方队员隔绝在进攻方的道具之外，进而实现以多打少的目的。

三、其他类项目竞技目标的实现方法

1. 炉石传说竞技目标的实现方法

炉石传说的阶段性竞技目标分为以血量为核心、以场面为核心和以卡牌差距为核心三种方向。下面以血量为核心为例，按照单场炉石传说比赛的时间线顺序，介绍这种竞技目标的实现方法。

（1）选择起始手牌。对战开始时，双方投掷一枚硬币来决定谁先手出牌，然后双方会抽取自己的起始手牌：赢得先手的一方抽三张牌，另一方抽四张牌，如图 2–27 所示。

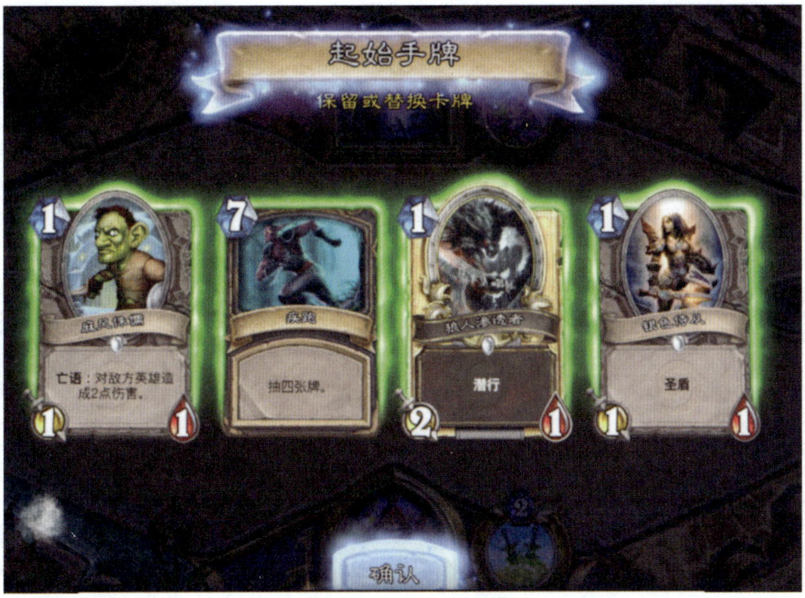

图 2–27 起始手牌

从图 2–27 中可以看到，起始手牌有四张：麻风侏儒、疾跑、狼人渗透者和银色侍从。根据竞技目标——速攻压制对方血量可知，需要替换 7 费的疾跑，因为这张卡牌使用的时间比较晚，不符合速攻血量这一目标。而麻风侏儒的亡语是“对对方英雄造成 2 点伤害”，这就十分契合压制血量的目标。将麻风侏儒留在起始手牌中会有很大的帮助。

（2）抽卡、使用卡牌、使用英雄技能。在回合进行中，将运用一切手段攻击对方的英雄血量：用法术牌攻击对方英雄、用场上的随从攻击对方英雄和用英雄技能攻击对方英雄等。可以看到，盗贼的英雄技能是装备一把匕首（见图 2–28），利用这把匕首可以消灭对方场上的随从，或者直接对对方英雄造成伤害。根据场上形势进行判断，合理地解决对方随从，并牢记压制血量这一目标，就是实现竞技目标的最优方法。

2. 格斗类项目竞技目标的实现方法

作为动作类项目的分支之一，格斗类项目有其独有的竞技魅力。与 MOBA 类项目或者射击类项目相比，格斗类项目对战人数大多为 2 人，预设规则相对简单，因此其竞技目标和战术也相对简单。以街霸 5 为例（见图 2–29），在整体竞技目标为击败对手的情况下，获胜的条件有两种：第一种是在时间限制内击败对手，第二种是保持血量优势将时间消耗殆尽。因此，根据这两种不同的获胜手段（竞技目标）采取相应的实现方法，分别是主动进攻和拖延防守。

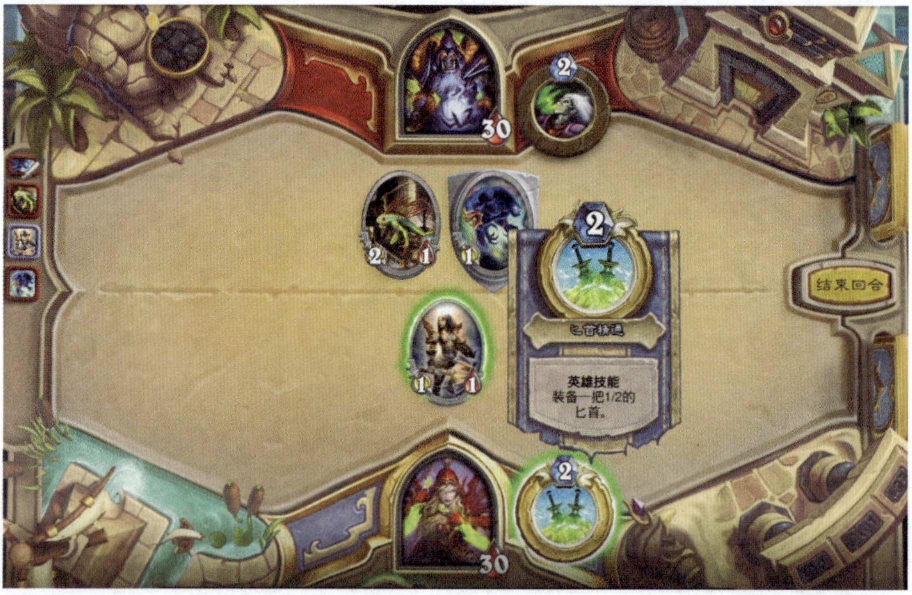

图 2–28　盗贼的英雄技能

图 2–29　街霸 5

在这两种策略中，对于 EX 槽、V 槽以及晕槽的管理和使用都起着至关重要的作用。

（1）主动进攻。主动进攻要求电子竞技员在游戏中积极主动地发起攻击，利用角色的各种招式和技能来压制对手。

1）晕槽管理。电子竞技员应积极寻找机会击中对手，以增加其晕槽的积累。一旦对手的晕槽满溢，就可以发动眩晕效果，使对手在短时间内无法反抗，从而为自己创造更多的攻击机会。

2）V 槽运用。在主动进攻中，电子竞技员可以适时使用 V 技能来增强攻击效果或改变战局。例如，某些 V 技能可以增加攻击范围或攻击力，能让进攻更具优势。同时，V-Trigger 的发动可以在关键时刻强化角色的能力，帮助迅速压制对手。

3）EX 槽积累与使用。在主动进攻的过程中，电子竞技员需要不断地进行攻击和连招，以积累 EX 槽的能量；一旦 EX 槽满溢，就可以发动强大的 EX 必杀技，给予对手重创。

（2）拖延防守。与主动进攻相反，拖延防守更注重稳健和耐心。电子竞技员在游戏中需要密切观察对手的动作和攻击习惯，寻找对手的破绽并进行反击。

1）晕槽管理。电子竞技员需要更加注重防御和规避对手的攻击，以减少自身晕槽的增加；同时，在对手发动攻击时寻找破绽进行反击，以增加对手的晕槽积累。这样可以在防守中寻找机会发动眩晕效果，打乱对手的攻击节奏。

2）V 槽运用。在防守中，V 技能的使用尤为重要。电子竞技员可以利用 V-Reversal 技能在对手攻击时进行防御，取消反击，从而扭转战局。同时，在防守中寻找机会使用 V-Trigger 技能来强化自身的防御能力或发动反击。

3）EX 槽积累与使用。在拖延防守的过程中，电子竞技员需要更加注重 EX 槽的积累。因为防守往往需要更多的耐心和等待机会的能力，而 EX 必杀技的发动往往可以在关键时刻改变战局。因此，电子竞技员需要学会在防守中寻找机会，使用 EX 必杀技进行反击或创造有利的战斗环境。

学习单元 2　竞技战术的训练方法

不同类型项目竞技战术的训练方法，都可以根据 OCAI 竞赛分析法和 ASIE 竞赛分析法，对电子竞技团队和电子竞技员进行科学、系统、周期性、针对性的战术训练。不仅教练员需要掌握竞技战术的训练方法，作为电子竞技员也需要了解其主要内容，配合做好战队训练。

一、竞赛分析方法

1. OCAI 竞赛分析法

OCAI 即观察（observe）、理解（comprehend）、分析（analyze）、创新（innovate）。

（1）观察。在教练员和分析师的观察过程中，要重点观察两个要素。

1）观看竞赛，观察每个参与单元。教练员和分析师需要仔细观看电子竞技的每场实战，并在赛后仔细研读，分析录像。

2）观察电子竞技员的状态。在日常训练中，教练员需实时观察电子竞技员处于一种什么状态，分析导致这一状态的成因，判断决定其总体竞技能力各个因素的发展水平等。对这些问题的仔细观察和中肯分析，是有效组织训练的基本依据之一。

（2）理解，即对每个要素和事件进行判断和理解。在英雄联盟中，电子竞技员对每个要素和事件的决策都需要在极短时间内决定，且往往没有标准答案，属于动态高风险决策。而教练员和分析师在观看比赛或录像时，需要对每个决策进行判断和理解，并对该要素和事件的决策造成的短期影响和未来走向进行预测。

例如，在英雄联盟 S10 半决赛 SN 战队与 TES 战队第三局赛事中，解说大司马根据局势判断，在 28 分 05 秒后的第 8 分钟，SN 战队可以打大龙。果不其然，36 分 05 秒 SN 战队拿下大龙。这是对局势预判的一种理解。

例如，在 CS2 中，电子竞技员对每个要素和事件的决策都需要在极短时间内作出决定。对方 RUSH 香蕉道，己方可以选择撤退，这属于低风险决策；站在沙袋位与 RUSH 的对方进行正面对抗，这属于高风险决策。这是对战术决策的一种理解。

（3）分析，即对每个要素和事件的前因后果进行分析。在各类电子竞技项目中，部署、试探、博弈和决策 4 个阶段都有各自不同的竞技目标和竞技战术，它们密切连接、环环相扣，每个要素和事件的决策，都会影响接下来的阶段。教练员和分析师应该在观看比赛或录像时，详细分析造成该局面的前因后果。

（4）创新。教练员和分析师在反复观看赛事录像后，能得出新的结论，发现新的战术，提出新的问题和思考。

2. ASIE 竞赛分析法

现在许多电子竞技职业俱乐部的主要训练方法都是围绕 ASIE 竞赛分析法展开的，ASIE 即目标（aim）、计划（scheme）、实施（implementation）、评价（evaluation），具体模型如图 2–30 所示。

ASIE 竞赛分析法是以训练内容体系为依据，以评价为监督、检查工具的闭环过程，整个训练过程的发展与变化均置于系统控制之下。该方法具有鲜明的定性化特点，便于教练员抓住训练过程中的主要矛盾，明确训练方向。

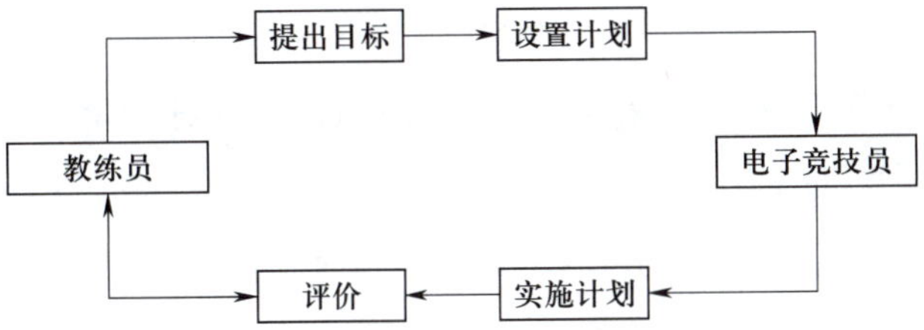

图 2–30　ASIE 竞赛分析法具体模型

在 ASIE 竞赛分析法的应用过程中，教练员提出明确目标和设置训练计划，通过评价环节有效分析训练的进展情况及电子竞技员竞技能力的变化状况，了解电子竞技员的训练效果，以便修正教练员的指导方案。经过多次闭环式的控制过程，使电子竞技员的训练结果科学地逼近训练目标。

例如，英雄联盟教练员提出一个训练目标——训练打龙团，要求团队在线权优势的情况下必须打龙。教练员设置一系列训练计划：训练时间的安排、训练周期的划分、阶段任务的确定、训练方法与手段的确定。电子竞技员实施计划，进行训练。复盘环节对训练进展和电子竞技员的竞技能力变化进行效果评价，通过双向反馈修正教练员的指导方案。

例如，在 CS2 中，控制 inferno 香蕉道需要 2～3 名电子竞技员协同进行。在一次训练赛中确定好训练的目标，即做好香蕉道控制，设置训练计划：一号位丢木桶火，二号位站在匪口预防防守方进行香蕉道反清，听到闪光爆开后立即帮香蕉道内的队友补枪，三号位在一号位进入香蕉道时在匪口扔窗户闪，防止防守方踩火对香蕉道后点进行打击。

二、竞技战术训练的原则

竞技战术的训练应遵循立体化构建的原则，即注重个人技术的精细打磨，深化个人战术的理解与应用，以及强化团队战术的协调与配合。

个人技术就是电子竞技员在比赛中的个人操作方法，包括个人与设备间的协调和基于预设规则的个人操作。为了提高个人技术，电子竞技员应当进行大量的训练，包括熟悉设备的操作、掌握各种基础技能和技巧、提高反应速度和准确性等。这些训练可以通过单人练习、模拟比赛和实战对抗等方式进行。

个人战术是指电子竞技员根据竞技局面运用一种及以上技术而采取的个人行动，如反野、清线、抓人等。个人战术的训练需要电子竞技员具备丰富的游戏知识和经验，能够准确判断局势和对手的行为，并快速作出决策。可以通过研究游戏机制，观看高水平比赛，与高水平选手对练等方式进行提升。

团体战术更多侧重电子竞技员之间的战术配合，包括 BP、团战、掩护、分推等多人协同的战术。团体战术更关注宏观局势，兼具静态谋划和动态应变处理。团队战术的训练需要电子竞技员具备良好的沟通和协作能力，能够根据团队的目标和对手的情况，共同制定合适的战术并协同实施。这要求电子竞技员不仅要关注自己的操作和战术，还要关注团队的整体局势和配合，随时做好调整和应变。团队战术的训练可以通过多人协同练习、模拟比赛和实战对抗等方式进行。

课后练习

1. 以任一电子竞技项目为例，简要总结其竞技战术底层支撑的实现方法。

2. 采用 OCAI 竞赛分析法和 ASIE 竞赛分析法分别开展一次录像分析和竞赛训练。

培训课程 2 赛时战术应用

学习单元 1　竞技局面的概念

竞技局面的理解和电子竞技项目具体内容息息相关。以英雄联盟为代表的 MOBA 类项目的竞技局面理解基于对抗地形、视野信息、战斗属性、兵力处理、站位与阵型等信息；CS2 等射击类项目的竞技局面理解基于人数、地图关键点位控制、装备、时间等信息；和平精英的竞技局面理解基于不同时机的 8 个圈的范围属性等信息；炉石传说等卡牌类项目的竞技局面理解基于场面和血量等信息。

一、MOBA 类项目竞技局面

MOBA 类项目竞技局面就是在对局的任一时间点当前的局面状况，通过对局的各项要素信息反映出来。通过对对局中要素信息的综合把握与解读，电子竞技员可以对竞技局面有清楚的认知。

1. 对抗地形

地形是影响战斗，尤其是影响团战的重要因素，对于阵型、开团方式、团战拉扯、撤退后路、技能命中、做视野均有重要影响。简单来说，MOBA 类项目地形主要分为线上和野区两种，线上地形开阔简单，适合双方正面交战，野区地形复杂，草丛众多，适合埋伏、绕后、侧翼切入。具体来看，有口袋状地形（龙坑）、狭长地形等。根据双方的阵容，选择有利于自身、不利对方的地形进行作战，能够形成更具优势的竞技局面。

2. 视野信息

足够的视野是进行作战的保障，视野缺乏会导致被埋伏、被绕后切入、战斗中丢失目标等问题。通常提供视野的单位包括防御塔、小兵单位、英雄单位、召唤物单位、眼位。此外，还有部分技能能够探测视野，也可以通过推理（如对方想要从 A 点到 B 点会有必经之路）粗略地判断对方行为。视野越充足、信息越多，己方越能在战斗中找到更安全的位置，占据作战主动权。

3. 战斗属性

战斗属性包括装备情况、经验等级、存在的增益减益效果、生命值法力值状态、技能冷却情况等。这些属性决定了双方正面对抗的战斗力，是影响战斗结果的主要因素。在 MOBA 类项目不同的专项中，电子竞技员能够获得的战斗属性信息略有差别，如英雄联盟中不能看到还未暴露视野的对方单位更新的装备信息，对于这一类信息，电子竞技员需要结合对局情况进行大致预判，在对方暴露视野后第一时间关注并同步给队友。

4. 兵线处理

在整个地图上，爆发博弈和对抗的不一定只有一个位置，可能同时存在多个位置的博弈和对抗。有时需要同时处理正面多人团战和处理推进的兵线，若兵线处理不好，需要进行团队转移，容易陷入两难境地。

5. 站位与阵型

站位与阵型是否合理是团队能否充分发挥应有战斗力的重要因素。整个团队需要结合对抗地形与视野的变化，不断调整阵型，保证核心位安全，减少被消耗和被切入的风险。此外，还有常见的被消耗需回城补状态或回城购买关键装备等情况，也对站位与阵型有很大影响，团队需更谨慎地进行牵扯等待队友赶到。

电子竞技员需要综合五个方面的要素，汇总已知信息，预估未知信息，综合把握竞技局面。

二、射击类项目竞技局面

1. CS2 竞技局面的概念

CS2 竞技局面即当前回合中竞技场面的情况，具体包括人数、地图关键点位控制、装备、时间和当前比分。

（1）人数。人数是指当前回合场上双方剩余存活人数，可以通过游戏界面上方的头像栏直接得出结果。显示头像的即为存活，不显示头像的则为本回合已阵亡。

（2）地图关键点位控制。地图关键点位控制的信息可以在游戏界面左上角雷达中直接观察出来，或者与队友实时沟通获取。进攻方获取地图关键点位，可以为进攻雷区做准备工作，给予防守方压力，防止前压。防守方获取地图关键点位，可以侦测到进攻方进攻的意图，暂时减轻地图关键点位附近雷区防守压力。

（3）装备。装备包括枪械情况和道具存量。己方电子竞技员使用的枪械可以在人物模型上方显示，对方电子竞技员使用的枪械可以通过开枪声音来进行判断。道具有其特殊性，每名电子竞技员仅可购买一颗烟雾弹、一颗燃烧弹、一颗高爆手雷、两颗闪光弹，且总共不能超过四颗，可根据前期道具投掷情况判断道具剩余情况。

同时，也可以根据上回合胜负关系、对方的存活情况、上回合购买装备情况与本回合赏金，来综合分析对方本回合是购买全枪全弹、半起，还是 ECO（经济局，即不购买任何物品，攒钱下回合再购买装备）。

（4）时间。每回合的时间是固定的，进攻方需要在限定时间内成功安放 C4，所以时间也是场面局势中的一点。

（5）当前比分。根据当前比分可以选择继续进行对抗，还是避其锋芒，选择保枪。

2. 和平精英竞技局面的概念

和平精英相较于传统第一人称射击类项目来说，增加了更多的随机性，且地形更大。因此，圈型的影响更大，视野的影响也贯穿全局。

因和平精英共有八个圈（第九圈梅花桩为一个点，所以暂不计），每一个圈，蓝圈伤害量及刷圈时间是不同的，因此需求与节奏也完全不同。

（1）竞速圈（见图 2–31），圈型开始刷新后的第一个圈，在跳伞结束后一定时间刷新。该圈核心为单位时间的发育速度，需要在落地后快速搜索物资，保证自身及队伍的发育，同时需注意尽可能多地控制载具，为后续的转移做好准备。

一般来讲，将 3：00（3 分钟）之前转移的队伍，定义为快节奏的队伍，此类型队伍更注重前期控点、抢点，所以会适当牺牲一部分发育，后期控点后再逐步进行物资的搜索与发育。

3：00—8：00 进行转移的队伍为常规转移队伍，且该时间段转移的队伍数量最多。此阶段的队伍注重看跳点与圈型。跳点距离圈型中心位置近的队伍，在转移上更具有优先选择权，而后置位的队伍只能逐步向圈中心点进发。

8：00 之后转移的队伍为慢进圈队伍。该时间阶段转移的队伍，一般更偏向于运营。根据航线预估大部分队伍跳点，再通过圈型预估大部分队伍进圈路线，尽可能规避，选择弱势侧绕行进圈。

（2）视野圈（见图 2–32），圈型刷新开始之后的第二个圈，该圈核心为视野。

图 2–31　圈 1 刷新

图 2–32　圈 2 刷新

尽可能避免与其他队伍发生大规模正面冲突，在获取足够视野信息的情况下，抢占优势地形，以便获取圈中心更多的视野信息，为下一个圈型刷新后的队伍转移做准备。

（3）抢点圈（见图 2–33），圈型刷新之后的第三个圈，重点与第二个圈相同，依旧是视野核心。有视野的队伍可以选择抢点，无视野的队伍可考虑盲扎或者绕圈，为后续作战做好准备。但绕圈需小心，弱势边会根据圈型及参赛队伍打法风格有所变化。

图 2–33　圈 3 刷新

（4）冲突圈（见图 2–34），圈型刷新之后的第四个圈，蓝圈伤害逐渐增强，让偏运营绕圈的队伍无法再扛着蓝圈的伤害进行绕圈转移，增加了圈内队伍，但圈内面积的减少，导致圈内可容纳队伍数量减少。因此，不在圈内的队伍更需要获取足够的信息，方能保证进圈位置的安全。但因人数过于密集，可能导致转移路上被淘汰，或因视野获取受限，预踩点位置已有队伍占据而导致正面冲突。

图 2–34　圈 4 刷新

（5）打靶圈（见图 2–35），圈型刷新后的第五圈，圈内面积再一次缩小，进圈难度进一步提升。提前在圈内占据有利位置的队伍，则到了最佳拿分时机，可疯狂进行打靶抽靶，即使不能造成淘汰，也可消耗对手装备，造成头甲磨损消耗，为接下来的战斗进行铺垫。

（6）拱火圈（见图 2–36），圈型刷新后的第六个圈，圈内面积进一步缩小，圈内队伍依旧优势明显。但圈边队伍密集，队伍很难先行发起进攻，最佳方案为拱火，可迫使周边队伍先行战斗，让自身成为“渔翁”。

图 2–35 圈 5 刷新

图 2–36 圈 6 刷新

（7）搏命圈（见图 2–37），圈型刷新后的第七圈，在某些极端圈型下，该圈已提前成为决赛圈。即使按照常规圈型理解，该圈生存队伍也不多。此时极有可能一次淘汰双份分数到手（淘汰分 + 排名分），因此，该阶段的重点是保持谨慎，优势队伍小心被偷分或被破点；劣势、残编队伍尽可能保证自身的生存，多活 1 秒都可能有别的队伍先行被淘汰，使自身队伍获取更高的排名分。

图 2–37　圈 7 刷新

（8）决胜圈（见图 2–38），圈型刷新后的最后一个圈型，即最终的对决。优势队伍需不骄不躁，稳住心态，谨防被对手抓住机会；劣势队伍找机会，寻找突破口，可尝试狙击枪破点或投掷物破点。

图 2-38 圈 8 刷新

三、其他类项目竞技局面的概念

以炉石传说竞技局面的概念分析为例。

影响炉石传说竞技局面的 3 个核心因素：血量、场面和卡牌差。在此，进一步阐述各个因素对局面走向的影响，以及各个因素之间互相的联系。

（1）血量。因为血量是和整体目标最接近的因素，所以血量的多少直接关系到能否取得对局的胜利。当对方血量降低到一定的数值，己方通过随从、法术和英雄技能等可直接击败对手，通常把这个血量数值称为“斩杀线”。同样，在比赛过程中，对方也会根据其卡牌和己方血量计算“斩杀线”，而离“斩杀线”越接近，意味着越危险，随时可能导致对局失败。

（2）场面。与血量不同的是，场面的优势并不能立刻终结比赛。例如，己方随从已经控制了场面，无论是数量还是质量都远超对手，但这些随从要等下一个回合才能攻击。因此，场面优势转化成竞技目标的最终实现需要时间和后续战术的正确执行。场面优势的好处在于其更具备可持续扩大优势的能力，一旦对方没有很好的解场手段，场面优势将能迅速转化为血量优势，进而赢得对局。

（3）卡牌差。卡牌差是指在对局过程中，双方手牌中可用卡牌的数量和质量差异。卡牌数量差通常意味着一方拥有更多的选择空间，可以根据局势的变化灵活调整战略；卡牌质量差则不仅体现在卡牌本身的强度，还包括卡牌的用途、配合度和灵活性等。

卡牌差通常是通过每个回合的决策逐步积累的，保持合理的卡牌差，特别是在关键时刻确保手牌的多样性和威胁性，能为当前以及后续回合提供更可靠的行动选择。值得注意的是，在游戏的后期，卡牌差的优势方往往更具终局能力，即使场面或血量暂时不利，卡牌资源的充足也为他们提供了翻盘的可能性。

学习单元 2　竞技局面的判断

一、MOBA 类项目竞技局面的判断

1. 英雄联盟竞技局面的判断

进行英雄联盟竞技局面的判断，需要从竞技局面的概念出发，综合多个因素进行衡量。下面以两个有代表性的案例具体说明。

案例 1：2022 年 5 月 22 日，RNG 战队对 G2 战队 23 分 20 秒及其后的大龙团战。

如图 2–39 所示，从双方阵容来看，蓝色方正面团能力更胜一筹，且此时手握较明显的经济优势，占据了龙坑视野主动权，来到河道和红色方草丛埋伏；红色方阵容强调分带牵扯和消耗，打团依赖侧面切入，且此时阵型分散，中野辅在红区拉扯，射手和上单在中路带线，总体经济装备落后，正面接团处于劣势。从对抗地形上来看，交战位置为十字路口，红色方的行动空间被限制在狭长地形内，走位空间小；反观蓝色方，拥有幻翎洛 R 技能惊鸿过隙和九尾妖狐阿狸 E 技能魅惑妖术，以及装备永霜的开团控制手段，在此地形更易命中红色方。

最终，红色方迫于视野压力，由拥有两段位移的诡术妖姬乐芙兰前压探视野，蓝色方突然开团，虽然乐芙兰依靠自身的灵活性逃脱，但打野破败之王佛耶戈被留下击杀。这波埋伏团蓝色方占据了地形、视野、战斗属性和阵型站位的全面优势，取得胜利实属意料之中。

图 2-39 对局截图 1 埋伏团

在接下来的对抗中，蓝色方依靠人数优势以及对方打野阵亡无法抢龙的条件开龙，红色方存活 4 人赶到强行开启团战，如图 2-40 所示。此时，蓝色方被限制在龙坑口袋地形内，走位空间小，且承受着无法忽视的大龙攻击和减益效果；红色方利用地形，双核心位进行无压力消耗，能够有效压低蓝色方状态。此时，蓝色方在刚刚击杀破败之王的战斗中交完了自己的关键开团技能，难以对红色方灵活的双核心位造成有效威胁。蓝色方选择优先打龙并顺利拿下大龙，但此时状态已被压低，红色方被残血诱惑，选择进入龙坑追击，殊死一搏。此时，蓝色方占据人数和装备优势，红色方占据状态优势，双方战斗力接近。最终，双方打成 2 换 2，但蓝色方打大龙的目的已经达到，胜势已然到来。

图 2-40 大龙团战

案例 2：2022 年 5 月 23 日，G2 战队对 SKT 战队 15 分 05 秒小龙团。

如图 2–41 所示，蓝色方选出了一套上限高、下限低的 4 核阵容，对于等级装备的累积和团战操作的发挥均有较高要求。此时，依靠视野优势，4 人在龙坑主动开龙，1 名刺客绕后寻找机会。红色方阵容在中期更为强势，AOE 伤害高，对阵型的要求也较高。蓝色方依靠先手优势拿到小龙资源并开启追击团战，红色方依靠深海泰坦诺提勒斯大招留住幻翎洛并往后拉开，成功低损规避掉蓝色方强势一波，随后对脱节的蓝色方进行逐个击破的反打，完成了一波 1 换 3。这波团战蓝色方占据了视野优势，但红色方的经济领先、阵型稳固、战斗力更强。蓝色方本已拿到了想要的小龙资源，但在第一波开团未果后，蓝色方大势已去，局面已经导向红色方，蓝色方应当果断撤退，强行追击只会葬送团队。

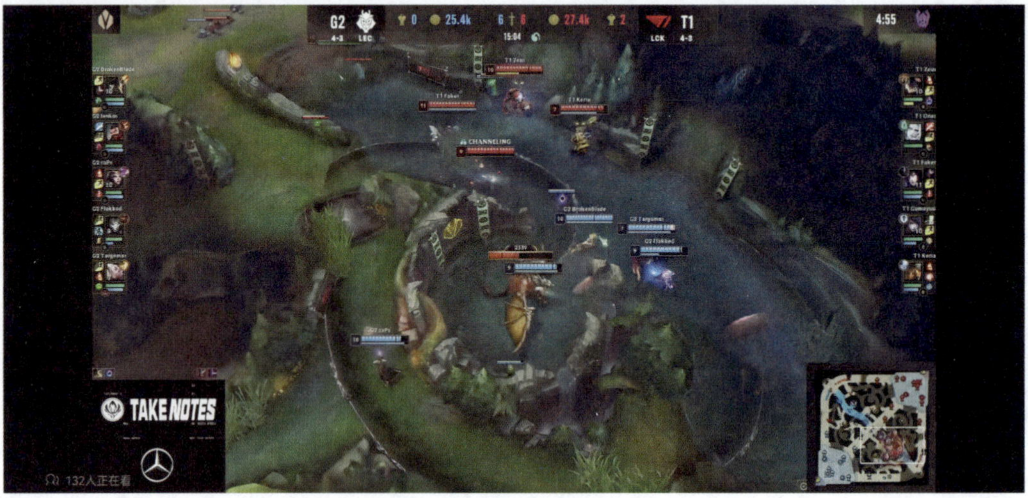

图 2–41　小龙团战

2. 王者荣耀竞技局面的判断

对抗地形、视野信息、战斗属性、兵力分配、站位与阵型是判断王者荣耀竞技局面的关键要素，以下将依次展开探讨。

（1）对抗地形。从对抗地形来说，王者荣耀的地形机制与英雄联盟相似，以不可通过地形——墙壁和可通过特殊地形——草丛等构建了各种战斗的地形环境。在对局内，电子竞技员需要根据战局的其他因素判断局面优劣，选择合适的地形实施战术。下面以龙坑为例进行介绍，如图 2–42 所示。

在王者荣耀的对局中，一般优势方会选择进攻主宰或者先锋以扩大优势。主宰 / 先锋的刷新地点（龙坑）只有一个入口面向河道，其余都是墙壁，除非拥有特殊技能，否则无法通过。在龙坑内的一方处于一个口袋阵内，优势是靠近资源点，在争夺主宰 / 先锋时处于有利地势。但是龙坑内空间狭小，难以展开己方阵型，躲避对方技能，很容易陷入对方的包围圈。对于龙坑外的一方来说，虽然在争夺主宰 / 先锋上占据劣势，但只要己方团控找准时机，在龙坑内团灭对手也不是没有可能。

地形与视野、阵型等其他因素都有关系，占据了优势地形的一方拥有更多机会布置好自己的阵型。

图 2-42　特殊地形龙坑

（2）视野信息。足够的视野是进行作战的保障，视野缺乏会导致被埋伏、被绕后切入、战斗中丢失目标等。王者荣耀有着其独特的视野机制，极大地简化了视野信息博弈的难度，降低了风险。手游操作的特殊性也给玩家提供了很多关于视野设置的选项，帮助使用者更准确地完成操作。王者荣耀视野设置如图 2-43 所示。

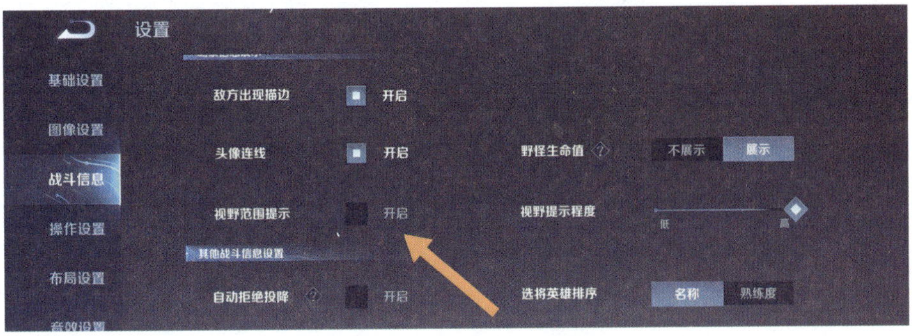

图 2-43　王者荣耀视野设置

王者荣耀并没有复杂的装备和道具帮助进行视野争夺，取代眼位的是视野之灵。视野之灵会自动获取本方野区的视野，对劣势的一方起到提供野区信息、保护野区的作用。如图 2–44 所示，是 S24 赛季视野之灵的更新信息，持续时间的增长和冷却时间的缩短无一不说明设计师在增强视野之灵对于玩家们的帮助。

图 2–44　王者荣耀视野之灵

视野的获取不仅关系到英雄技能释放的准确率，更影响团队战术的布置与关键性决策。一次视野丢失的失误很可能造成己方关键英雄被先手，甚至导致团灭。而对于王者荣耀这样一款快节奏的游戏来说，中后期由于视野信息造成团灭的后果是很严重的。

（3）战斗属性。王者荣耀的绝大多数战斗属性是公开信息，双方都可以在战斗中即时查询，包括经济、装备、等级、属性等，属性面板如图 2–45 所示。

利用战斗属性的信息还能得出一些衍生的信息，帮助判断局面，如开局通过观察对手初始生命值，判断其携带的铭文。一般英雄基础生命值都在 3 000 左右，如果开局对方英雄生命值达到 4 000+，则可以预判对方携带的是肉铭文，反之则为输出或半肉铭文，如图 2–46 所示。通过对对方铭文的判断，可以对症下药，选择自己的技能加点和出装路线，以获得局部对位的优势。

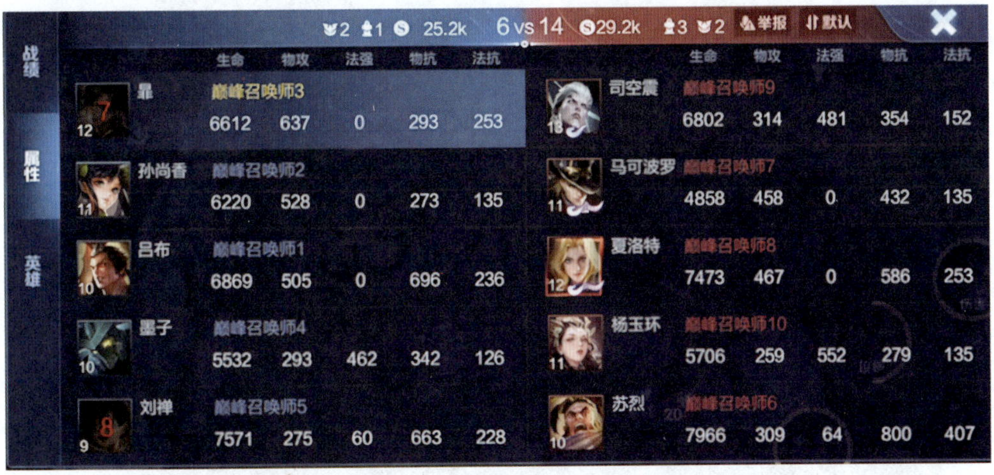

图 2–45　属性面板

图 2–46　属性面板衍生信息

（4）兵力分配。下面结合王者荣耀的英雄阵容具体说明兵力分配。

1）兵力分配 1/3/1（见图 2–47）。这种兵力分配的适用情形通常是在己方拥有一定优势情况下使用，单带双边的两人要有带线能力，即跑图赖线能力。由于始终要确保双边中的一条线，能够将兵线带过河道给予对方直接压力，所以当阵容中打野较为灵活，且边路为单挑强势的老夫子、铠，灵活战刺马超、关羽，以及具备全图支援能力的刘邦、哪吒时，就可选择 1/3/1。打野与边路在比赛优势期去分带，中射辅三人抱团压中随时策应双边。

2）兵力分配 3/2（见图 2–48）。这种兵力分配方式通常是在均势或逆风局下使用，目的为拖发育、拖后期。由于逆风形势下对方大多会借着优势压塔，可选择三人清线守塔（一般为双核心加辅助），剩下两人去带线（一人清线一人占视野），相互策应以防止被包。

由于双人吃线的收益大于单人吃线的收益，且辅助不会分到收益，所以在经济分配上实则为 22。也就是说，阵型 32 所带来的效果不仅在逆风局下能够拖发育，延缓对方的进攻节奏，还更合理地分配资源，使得团队整体经济得到最优化增长。

图 2-47　兵力分配 1/3/1

图 2-48　兵力分配 3/2

3）兵力分配 4/1（见图 2-49）。这种兵力分配方式通常是在己方优势推塔时使用，即四人抱团带一路线推进压塔，另外一人则去单带。

4/1 分配的优势在于，若对方守塔能力较强，能够很快清掉己方四人下路压塔的兵线，己方四人就可在对方守塔清线期间迅速转中，即转到单人带线的中路继续压塔，而单带的队友立刻选择去上路带线，通过兵线运营来创造推塔的时间差，反复给对方施加压力。

图 2–49 兵力分配 4/1

4）兵力分配 5/0。这种兵力分配方式通常用于比赛后期，即正面五人抱团共同进退。

（5）站位与阵型。站位与阵型是否合理是团队能否充分发挥应有的战斗力的重要因素。只有站位与阵型合理，团队才可能取得团战胜利。

二、射击类项目竞技局面的判断

1. CS2 竞技局面的判断

CS2 竞技局面的判断，需要结合 CS2 竞技局面的概念内容进行。

（1）人数。人数可以直接反应在游戏界面上，己方人数比对方少，己方大体为劣势；己方人数比对方多，己方大体为优势。

（2）地图关键点位。一张地图的一个雷区附近都会有 1~2 个关键点位，进攻方掌握地图关键点位或 20 秒内掌握过地图关键点位，对进攻目标雷区较为有利，否则进攻目标雷区可能会略有难度。防守方掌握地图关键点位，则可以减轻防守压力，并预测进攻方可能会进攻的雷区，进行重兵防守。

（3）装备。装备判断是比较重要的一环。在 CS2 中，各种枪械的威慑力是不同的，每种枪械的开枪声音也不一样，通过声音可以判断出对方使用的枪械。狙击枪对手枪是优势，步枪对步枪是均势，冲锋枪对步枪略微显劣势，步枪对狙击枪略微显劣势。例如，己方根据开枪声音判断出对方 AWP 使用者在 B 区，己方均为手枪，则可以避开对方 AWP 使用者，转为进攻 A 区。

（4）时间。剩余时间不同，作出的判断不同。例如，己方作为进攻方，剩余时间 20 秒，可以选择保枪打下一回合，也可以选择强攻雷区。

（5）当前比分。当前比分也会影响到下一步的决策，比分差距不大或领先对方很多分数时，可以选择保枪，下一回合再进行对抗；比分差距不大或落后对方很多分数时，也可以选择大胆尝试强攻。

己方作为进攻方，需要根据竞技局面综合判断下一步动作。此时，比分为 14∶6，己方仅剩 1 名电子竞技员存活，装备为 AWP 加防弹衣、防弹头盔；对方 4 名电子竞技员存活，但只装备防弹衣和冲锋枪，时间剩余 1 分钟，对方 4 人控制关键点位。己方电子竞技员分析：人数劣势，地图关键点位劣势，枪械优势，时间尚可，当前比分优势，可以选择保枪，打下一回合。

己方作为防守方，2 名 B 区电子竞技员存活；对方已经攻占 A 雷区，4 人存活的情况下成功安放 C4，比分为 6∶15。对方装备为手枪加防弹衣，己方为防弹衣、防弹头盔加步枪，还有拆弹器。此时，己方不能保枪，必须选择对抗，否则比赛会失败。而如果不是在赛点局的情况下，比分为 6∶13，根据人数劣势、装备优势、没有地图关键点位、时间偏少、当前比分劣势等判断，可以选择保枪。如果团队剩余存款较多，下回合可以购买全枪全弹，也可以选择大胆尝试强攻。

在考虑竞技场面局势时，优先级依次为人数、装备、地图关键点位、剩余时间、当前比分。各个因素之间互相影响，需要结合各个因素来综合考量。

2. 和平精英竞技局面的判断

和平精英竞技局面的判断主要因素包括地形、房型、人员和装备等。

（1）地形。不同的地形会有不同的打法，和平精英中极端地形优势、劣势极为明显。如图 2–50 所示，ACT 战队位置极低，且上岸后无掩体，若下一圈刷新在左岸房区，ACT 战队将极难生存，更不会进入下一圈。

（2）房型。根据房型和附近地形的不同有不同打法。如图 2–51 所示，PAI 战队双人所在小厕所位置，难守易攻，一个投掷物（手雷或燃烧瓶）就能将其逼出房区或造成淘汰。但从人员位置上看，LGD 战队全员仅在一个房区内，而 PAI 战队 4 人在不同房区，这为战局增加了变数。

（3）人员。如图 2–52 所示，虽从房型来看，PAI 战队处于劣势，但从人员及枪线分布来看，PAI 战队更占优势。PAI 战队不仅在人数上领先，且在枪线分布上 PAI 战队的攻击面也更广，火力压制也会更猛烈。

（4）装备。装备也是影响局势的重要因素之一。在上文的对抗形势下，若LGD 战队有拉栓狙，可造成瞬间破点，就可能破坏对手的人数优势，将双方拉到同一起跑线。如图 2-53 所示可知，三级头可避免被拉栓狙一枪放倒。

图 2-50　地形优势、劣势

图 2-51　房区优势、劣势

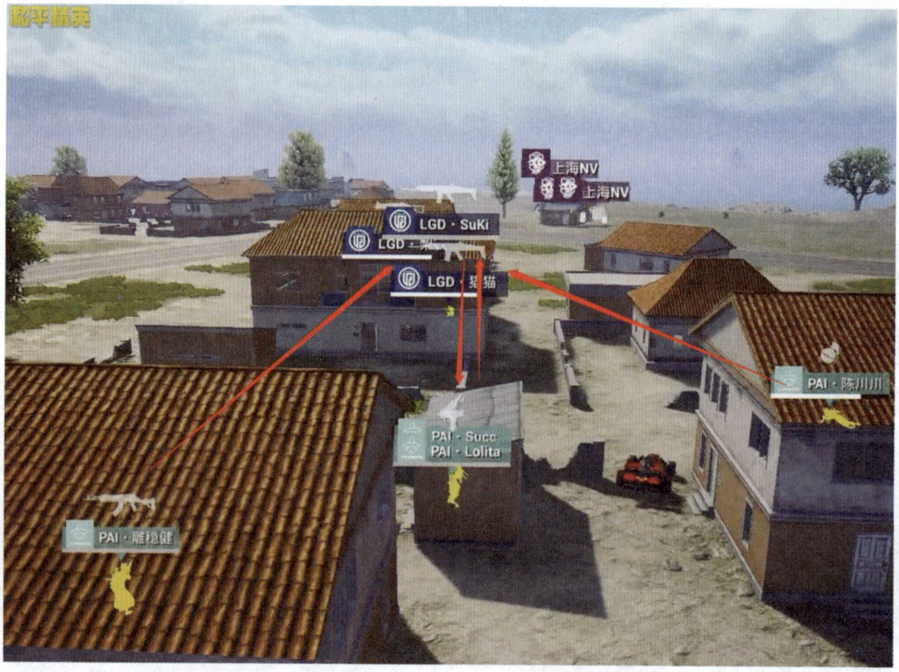

图 2-52　人员优势、劣势

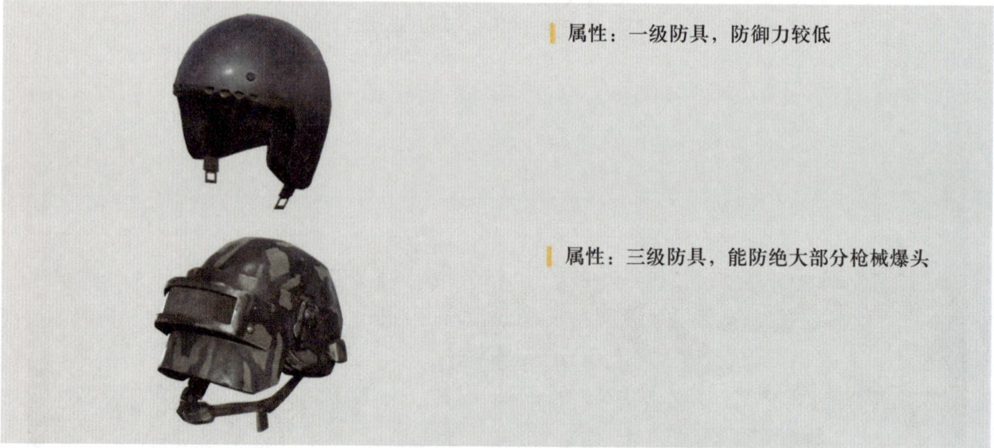

图 2-53　一级头与三级头的对比

课后练习

1. 简要阐述 MOBA 类项目竞技局面判断的主要依据。

2. 装备系统是电子竞技项目的普遍特征，针对不同类型的项目，简要分析装备系统对竞技实战的影响。

培训课程 3 电子竞技素养提升

学习单元 1 心理调节

一、心理调节的重要性

心理调节是指用心理科学的方法或技巧，对自己或者他人进行调整，改变个体心理活动绝对强度，减低或加强心理力量，改变心理状态性质，以达到与环境相适应的过程。在电子竞技比赛前、中、后期，都可用心理调节来调整运动情绪、比赛动机、注意力、意志力等。心理调节分自我调节与他人调节两种。其中，自我调节是电子竞技员心理素质的重要组成部分，可以帮助电子竞技员根据自身发展与环境情况，自觉地进行心理控制与调节，强化或降低期望值，减轻压力，从而最大限度地发挥个人潜力。

现代心理学认为，良好的心理调节能力是个体心理健康的保证。通过研究不同水平运动员心理调节能力差异发现，优秀运动员比一般运动员具有更高水平的心理调节能力。心理调节不仅针对瞬间的心情，还针对比较持久的心境。心境是一种相对情绪更加持久、稳定的状态，优秀运动员有更加健康的心境状态。

当今电子竞技比赛竞争日趋激烈，电子竞技员只有具备出色的自我调节和压力应对能力，才能在高水平的竞技比赛中拥有出色的发挥。在传统体育专业的心理评测系统中，心理调节能力与运动员人格特质、目标信念等共同作用于运动员比赛时的行为表现。当参加比赛者双方在身体和技战术实力水平相当的情况下，电子竞技员的自我调节和放松能力，往往成为决定胜败的关键因素。

心理调节在电子竞技员的成长中发挥重要作用。

（1）在比赛前，日常训练准备阶段，心理调节能促进电子竞技员心理过程的不断完善，形成适合电子竞技需要的良好的认知能力与人格特征。

成就动机关系着电子竞技员不断追求超越，是达成更高比赛成就的内在动力。电子竞技员在日常的训练中，主动从难、从严要求自己，努力克服大量、重复机械训练所带来的身体不适应和各种困难，形成自己鲜明的个性特征和稳定的心理状态；对面临的比赛任务有清晰的理解，对自己的竞技实力充满信心，又不过度乐观，有全力以赴参加比赛和夺取胜利的期望。高成就动机者面对目标更有挑战欲，有全力以赴实现目标的冲劲，对目标结果积极关注，敢于尝试，面对困难百折不挠、有韧劲；面对失败会归因为暂时的努力不够，从而通过继续付出努力来不断追求；当达成目标时，会归因为自己能力强。低成就动机者，面对失败，会认为是自己能力太弱或者任务太难，根本无法实现，从而放弃努力；面对成功，则不会认为是自己能力强带来的，会倾向于是暂时的运气，或者是任务太简单。

总而言之，高成就动机的电子竞技员对自己的目标更有把控感，从而愿意为之奋斗、努力；低成就动机的电子竞技员，则有更多的失控感，尤其是面对失败时，有更大的挫败感。

（2）在比赛中，心理调节可以使电子竞技员将心态调节到最佳，最大程度发挥自己潜能，甚至超常发挥。电子竞技需要的是瞬间反应判断、团队协作等综合而复杂的能力，情绪在其中起着重要作用。只有拥有良好的情绪状态，智力才能处于一种平稳状态，从而最大程度地发挥功能性。

（3）在比赛中，处于劣势时，心理调节可以使电子竞技员控制自己的紧张情绪，调节自己的心理活动，从而获得最佳的竞技状态。

如果电子竞技员在比赛时把自己的心理状态调整到最佳，对比赛有充分的了解和准备，那么他们的技战术水平就会相对提高。反之，如果不相信自己的实力，失去对比赛胜利的信念，心理状态就会不稳定，产生一系列抑郁、紧张、愤怒情绪。太多案例表明，队员和队伍并非没有实力，而是在比赛前心态出现了巨大的问题。心理素质与技术实力同样关键。

二、心理调节的训练方法

在电子竞技比赛中，心理调节对于电子竞技员来说至关重要。在赛前训练阶段，电子竞技员需要采取一系列心理调节训练方法，为即将到来的比赛做好准备。可以通过情绪释放来舒缓日常训练中累积的压力，如写日记、绘画或进行其他放松活动。放松训练和团队建设活动也在这个阶段发挥着重要作用，可以增强电子竞技员的自我控制能力和团队凝聚力。

到了比赛阶段，心理调节变得更为重要。电子竞技员需要接受赛前心理辅导，调整心态并增强自信。为了隔绝外界干扰，应学会屏蔽负面评论和舆论压力，保持专注。合理安排休息和娱乐时间也至关重要，以确保在紧张的比赛期间能够保持良好的体力和精神状态。下面针对训练阶段和比赛阶段，介绍几种常用的心理调节训练方法。

1. 训练阶段

（1）模拟训练。模拟训练又称模拟仿真，最早用在军事方面进行建模。在电子竞技比赛中，模拟训练是针对比赛中可能出现的情况或问题进行模拟实战的反复练习过程，目的是提高电子竞技员对比赛应激情境的适应能力，以便在赛场正常发挥。模拟训练可以和压力接种相结合，让电子竞技员逐步接触到越来越大的应激情境，循序渐进，从而避免电子竞技员因为突然遭遇过大的应激而影响水平的发挥。

模拟训练包括对可控因素的模拟训练和不可控因素的模拟训练，前者包括对对手特点的模拟、对不同起点比赛的模拟，后者包括裁判错判、误判的模拟等。

1）对对手特点的模拟。模拟国内外比赛对手的技战术特点，以及他们的比赛风格、气质表现，是许多对抗性运动项目训练的常用方法。具体做法：在对局过程中，让队友扮演对手，模拟对手的风格，使自己更深入细致地了解对手的特征，适应多种风格的打法，演习各种有效对策。例如，开局反蓝反红，中途偷龙偷塔等习惯性动作的模拟训练。

2）对不同起点比赛的模拟。这个训练的意义在于让电子竞技员适应各种局势，且在各种顺风局或者逆风局的情况下能够第一时间进行应对。不同的起点包括领先、落后和关键点相持 3 种情况。例如，英雄联盟模拟训练中可以在大龙被偷或者高塔被推的情况下开局，以磨炼电子竞技员在落后情况下转败为胜的顽强意志。

3）裁判错判、误判的模拟。在电子竞技比赛中，可能因为网络延迟或其他原因，导致无法判断哪一方获得优势。此时，裁判的误判可能性很大，电子竞技员应做好充分的心理建设，不能让对误判的不甘心、愤怒等消极情绪影响到自己的发挥。对这种局势的快速适应与心理调节需要在平时的训练中多次模拟，从而在真实比赛过程中不会出现过激反应，保证心态平衡，将竞技状态调整到最佳。

（2）认知调节训练。这是一种针对认知的心理调节方法，通过改变对事件的理解和评价而进行心理调节。电子竞技员可以试图以一种更加积极的方式解读使人产生挫折、生气、厌恶等消极情绪的事件，从而产生积极的情绪。在日常训练中，要多加练习认知调节，以便在比赛过程中迅速调整情绪。

（3）注意力集中训练。注意力集中训练是一种行之有效、提高抗干扰能力的训练方法。电子竞技比赛最忌心神不定，想法过多。有的电子竞技员在比分落后时，心理素质较差，心态出现变化，注意力集中不起来，使自己越比赛越慌，甚至出现技战术的失误。通过注意力集中训练，可以加强电子竞技员注意力集中控制的能力，即使是比分落后，也能专心致志地完成本次比赛，发挥出最佳训练水平。正念训练是注意力集中训练的有效方式。

正念是一种将注意力集中在当下的状态，完全专注当下的感觉，不做评判，只做观察。正念训练可以和冥想组合在一起进行正念冥想训练。常见的正念冥想是正念呼吸，即将注意力专注在一呼一吸之中。除了正念呼吸以外，正念可以进入生活的任何活动之中。例如，正念刷牙，感受水流在口中的流淌，感受牙刷和牙齿的碰撞；正念吃饭，感受每一口咀嚼；正念走路，感受每一步脚的发力，脚踩在地上的质感。总之，正念可以发生在每时每刻，日常的正念训练能够提高对注意力的控制，从而在比赛当下更快地调整自我状态。

相关链接

注意力提升法

1. 舒尔特测试法

舒尔特方格是在一张方形卡片上画上 25 个 1 厘米 ×1 厘米的方格，格子内任意填写上阿拉伯数字 1~25，共 25 个数字。训练时，要求电子竞技员用手指按 1 至 25 的顺序依次指出其位置，同时诵读出声，并记录所用时间。数完 25 个数字所用时间越短，注意力水平越高。

2. 秒表测试法

注视手表秒针的转动，先看 1 分钟，如果 1 分钟之内注意没有离开过秒针，再延长观察时间到 2 分钟、3 分钟，直到注意力离开秒针止。重复 2~3 次，每次间隔 10 秒左右。

（4）胜利者效应的日常培养。在日常训练中，刻意收集自己良好表现、克服困难的情景，形成一个“成功时刻储蓄罐”，在进行自我暗示冥想时可更顺利进入成功时刻情绪，获得自信，提升自我效能感。胜利者效应的日常培养，可以帮助在比赛时快速获得信心，走出由于挫折带来的沮丧感、自我怀疑感，从而以积极心态重新投入比赛。在日常的训练中，电子竞技员可以形成自己的自我暗示模版，如下所示。

1）可以强调自身的优势和资源。“我是一名有电子竞技天赋的人”“我有能力让自己成为更好的选手，同时在很多方面帮助自己的战队获得胜利”。

2）可以强调以前的表现和心得。“我以前也克服过类似的困难，我可以再次做到”。

（5）放松训练。这是指通过暗示语集中注意力、调节呼吸，使肌肉得到充分的放松，使过强的情绪减弱，将消极情绪内调为积极情绪。其主要目标是消除生理和心理紧张。

相关链接

放松训练

1. 肌肉放松法

（1）找一个安静环境，尽量以舒适的姿势坐下或者躺下，减少对身体的无关刺激。

（2）集中注意力，通过暗示语使身体各部位先紧张再放松，顺序为头部、躯干、四肢。

（3）解除紧张，让肌肉松弛。

2. 呼吸放松法

（1）鼻子吸气，隔膜扩展，腹部向外鼓起，让空气充满肺下部。

（2）胸腔扩展，空气充满肺部中间。

（3）稍微挺胸和提起双肩，空气充满肺上部。

（4）缓慢呼气，最后可以稍微叹气，将气体全部呼出。

2. 比赛阶段

对于观众来讲，竞技比赛的魅力就在于其未知、其悬念、其不确定性。但对于运动员来讲，竞技比赛的不确定性却是充满压力的挑战。运动员的心理状态往往会随着赛场上的瞬息万变而同样起伏跌宕。优秀的心理调节能力，能帮助运动员将过度紧张转为冷静平稳，从消极绝望中看到胜利的希望，于是，便能在局势不利的情况下逆风翻盘，也能在领先的局势下越战越勇，一路高歌猛进。

（1）面对不利局势。不管赛前做了多么充分的准备，比赛时的风云变幻，不利的局势也常有发生。如果电子竞技员心态不稳，会产生沮丧、失落、恐惧的心理，胜利就会越来越远。在这样的情境下，可以采取以下调节方式。

1）将压力视为激发自己动力的能量。面对当前的下风、可能的失败，压力的产生是在所难免的。一定压力的产生可以帮助个体有更好的行为表现。电子竞技员可以尝试利用压力，接纳它，拥抱它，去唤醒自己的潜能。

2）专注比赛。在有了对压力更全面认知的基础上，可以将其视为自己额外获得的能量包，从而进入一个更积极向上的情绪状态中。此时应当抓住这样的情绪，全身心投入到比赛里，投入到自己的比赛过程里，专注在自己每一个动作里。

3）回想胜利时刻。当面对暂时的失败，陷入了悲观、失望的消极情绪时，如果放任不管，这种消极情绪很可能会越来越深，导致一再出错，到比赛后期陷入绝望中，消极应赛。此时可以利用自我对话创造积极的心态和提升自信。如回想个人的强项和优势，回顾过往的成功，坚信自己的实力，相信自己有能力逆风翻盘。

（2）面对有利局势。当比赛过程中处于领先地位时，常常会增加电子竞技员的自信心，特别是对高成就动机的运动员来说，此时更容易将当前的领先局势归因为自己的能力，从而更有把控感，在接下来比赛中的表现也更加动力十足。但对有些电子竞技员，特别是低成就动机的电子竞技员，暂时的胜利也有可能给其带来不稳定的心理状态，从而产生失误。低成就动机电子竞技员会对暂时的领先患得患失，认为可能会随时失去这样的局势，于是产生想要尽快结束比赛，或者保守、维持现状的心态。此时心态已经不稳了，当身心不能合一时，很可能带来技战术失误。在这样不稳定的心态下，对手稍有反击，就会迅速焦虑紧张，极度担心出现逆转，导致心态更加不稳定，技战术进一步失误，形成恶性循环。

面对这样的情境，电子竞技员应该迅速调整心理状态，可通过暗示调整自己：既然已处在领先地位，就证明自己的能力绝对是在对方之上，自己尽量放开了发挥潜能即可。同时，不用回顾之前，也不用担心结果，自己此刻需要做的就是集中注意力，专心比赛过程。

学习单元 2　情绪控制

一、情绪控制的重要性

1. 情绪与情绪控制的概念

情绪是人对客观事物是否符合或满足自己的需要而产生的一种倾向性主观心理体验与相应的行为反应。情绪是不稳定、不断变化、较为显现的东西，它随情境或一时需要的出现而发生，也随着情绪的变迁或需要的满足和转移而较快地减弱、消逝或改变。情绪的变化直接影响电子竞技员技战术水平的发挥。电子竞技员的参赛情绪是对队友、对手、场地的布置、比赛环境以及教练、观众主观体验的反应。

相关链接

情绪的分类

情绪的 5 分法将情绪分为了喜、怒、哀、乐、恐，也有 7 分法和 8 分法，更有研究探究出了 25 种情绪。罗素的情绪理论将情绪分为了两个坐标：效价和唤醒度。效价分为正性效价和负性效价。能给个体带来愉悦感的即为正性效价，如快乐、欣喜等；会给个体带来难受感，想要摆脱的情绪即为负性效价，如悲伤、愤怒等。唤醒度为情绪的另一维度，是指个体在体验情绪时的唤醒状态，分为高唤醒度和低唤醒度，如愤怒、狂喜都是高唤醒度，而小确幸、小确丧则为低唤醒度。

情绪可以影响运动员的感知，让运动员“有感觉”或“没感觉”；也可以影响运动员的判断，让运动员“判断失误”或“准确寻找战机”；还可以影响运动员的行为，让运动员“果敢行动”或“犹豫不决”。所以，运动员可以通过对自身情绪的调控，实现在参赛过程中对自身行为的控制。

情绪控制是个体管理和改变自己或他人情绪的过程。在这个过程中，通过一定的策略和机制，使情绪在生理活动、主观体验、表情行为等方面发生一定的变化。情绪无好坏之分，由情绪引发的行为则有好坏之分，行为的后果有好坏之分。因此，情绪控制不是要去除或压制情绪，而是在察觉情绪后，调整情绪的表达方式，以适当的方式在适当的情境表达适当的情绪。若是紧张情绪，需要缓解紧张，则可通过减低唤醒度；如感觉动力不足，则可增加唤醒度，来达到增加动力的作用。

每一场竞技比赛的胜负，并不完全依靠双方的技战术决定。在双方实力相等的情况下，谁的心理素质好，谁的胜算就比较大，尤其是在决胜的关键时刻，情绪控制好的一方自然优势更大。

2. 影响电子竞技员比赛情绪的因素

根据对竞技比赛实践的观察和研究发现，影响运动员比赛情绪的因素相当多，可以把它们分为外环境因素和个体因素两大类，如场上比分情况，对手的情况，观众、教练员的态度与对自己的评价，比赛环境等因素，都是外环境因素；涉及运动员自身的，如参赛动机、生理因素、意志品质、自我评价、自己的训练程度、赛前心理准备、比赛的经验等，都属于个体因素。有研究指出，个体人格和情境的交互作用也可决定行为反应。运动员通过对刺激的心理表征、对事件赋予的预期和信念、各种情感和情绪、个人目标和价值观以及各种自我调节能力等因素，共同交互决定其行为反应。

电子竞技是受情绪波动影响较大的运动项目。优秀的电子竞技员需要有较强的临场能力与情绪自控力，在高强度、激烈的电子竞技比赛中具有稳定的心态、稳定的情绪和较高的均衡性，保持清醒、冷静的头脑并作出正确的判断，正常发挥自己的技战术水平。这些是取得胜利的前提条件。

二、个体调节控制情绪的方法

电子竞技员可根据所面临的不同情况，积极采取不同的情绪控制方法，合理调节情绪。保持一个良好的情绪与积极的心态，无论对选手个体还是团队本身，都具有重要意义。

1. 表情调节法

情绪是对身体变化的知觉，直接由生理变化引起。人们由于哭泣而悲伤，由于打斗而愤怒。正是由于情绪状态与表情之间存在着一种双向联系，故可以通过调节表情来改变情绪状态。

表情调节法是通过有意识地改变自己的面部和姿态表情以控制情绪的方法。情绪状态与外部表情存在着一定的联系。情绪的产生会伴随一系列生理过程的变化，并由此引起面部及姿态表情的改变。愉快时笑容满面，手舞足蹈；愤怒时横眉冷对，握紧双拳；沮丧时垂头丧气，肌肉松弛等。当遇到负面事件时，可通过表达抑制来进行调整，如感到紧张焦虑时，可以有意识地放松面部肌肉，或者用手搓面部，使面部肌肉有一种放松感。当情绪低落时，可以有意识地做出笑脸，或看看别人的笑脸，或想想过去最高兴的事（自己最得心应手的一场比赛情境）。

小贴士

杏仁核激活水平

杏仁核激活水平指的是杏仁核这个脑区在特定情境下的活跃程度。杏仁核是大脑中负责处理情绪，特别是恐惧和焦虑情绪的关键结构。当个体面临威胁、恐惧或紧张刺激时，杏仁核会被激活，进而触发一系列生理和心理反应，如心跳加速、呼吸急促以及注意力集中等。

在电子竞技比赛中，选手的杏仁核激活水平可能会受到多种因素的影响，如比赛的重要性、对手的实力、观众的期望以及自身的心理状态等。当选手感到紧张、焦虑或压力时，他们的杏仁核激活水平可能会上升，这会影响他们的决策能力、反应速度和整体表现。

为了降低杏仁核激活水平，电子竞技员可以采用一些心理调节策略，如深呼吸、冥想、放松训练等。这些策略有助于电子竞技员放松身心，减少焦虑和恐惧，从而更好地应对比赛压力。此外，通过增强自信、调整心态以及合理安排训练内容和休息时间，也可以有效地管理自己的情绪和压力，降低杏仁核激活水平，进而在比赛中发挥出最佳水平。

2. 注意力转移调节法

注意力转移调节法包含分心和专注两种策略。

分心策略为情绪不快或过度紧张时，有意识地强迫自己把注意力从刺激物转移到其他事物上，暂时离开紧张源。在比赛前就可以进行一些放松身心的活动，来转移注意力，释放比赛压力。每个战队都可以根据自己运动员的特性，探索出最适合自己战队的赛前放松方式。有的是出门动起来，如去公园、去旅行。有的是待在房间里静下来，如听音乐、冥想、绘画等。还有很多通过转移注意力来调节赛前情绪的方式，如赛前有趣的谈话、沉闷时幽默的玩笑等，可缓解不快或紧张心理，调动运动员的积极性，克服消极心理。

专注策略是对情境中某一方面需要长时间地集中注意力，创造一种自我维持的卓越状态。赛场上激烈的战斗、观众状态的刺激，以及起伏不定的战局，容易使运动员的消极情绪不断蔓延。为此，应及时地进行注意聚焦，把注意力聚焦在当下的比赛中。

3. 宣泄调节法

宣泄调节法是指以适当的方式及时、充分地宣泄情绪的方法。通过宣泄可以缓解自己内心的消极情绪。宣泄方式主要有倾诉、痛哭和写日记 3 种。宣泄调节法可用于运动员的日常训练，遇到过高训练强度或过多挫败时，会产生负面情绪，可通过宣泄来进行负面情绪调节。战队的管理者和教练员应创造条件给运动员提供合理的情绪宣泄渠道，尤其是在他们遇到困难和挫折时，以此满足其情绪宣泄的需要。在有些情况下，只要善意地、耐心地倾听运动员的倾诉，让他们把压抑的心理活动倾诉出来，就可以起到明显的情绪调节作用。此外，在比赛过程中，运动员也可以通过呐喊等方式，提高唤醒度，调节情绪，增加潜能。

4. 呼吸调节法

呼吸调节法是指通过调节呼吸的频率、深度和方式以控制情绪的方法。深沉的腹式呼吸有助于缓解运动员的情绪波动。

情绪紧张时，常有呼吸短促现象，呼吸快而浅，二氧化碳呼出过多，使血流中的二氧化碳失去平衡，时间一长，中枢神经便迅速作出抑制性的保护反应。这时，缓慢地呼气和吸气一小段时间，能促进神经系统迅速恢复平衡，保持血液中氧气和二氧化碳的浓度平衡，使呼吸平静而有节奏，有利于情绪紧张度的降低，从而得到调节情绪的效果。RNG 战队的队员就表示，当他们在比赛中感受到自己情绪紧张时，就会通过深呼吸来调节情绪，释放压力。

相反，当情绪消沉时，长吸气与有力的呼气练习有助于提高情绪的兴奋水平。这种方法之所以有效，是因为情绪状态与呼吸之间存在着密切的联系。

5. 运动调节法

运动调节法是指通过调节身体活动方式以控制情绪的方法。大脑与肌肉的信息是双向传导的。肌肉活动积极，从肌肉向大脑传递的神经冲动就多，大脑的兴奋水平提高，情绪就会高涨。反之，肌肉放松时，从肌肉向大脑传递的神经冲动减少，大脑的兴奋度就降低，高涨的情绪也会得到适度缓解。因此，采用不同速度、力量、幅度、方向和节奏的动作练习，可以用来调节运动员的情绪状态。

例如，情绪过于紧张时，可采用一些强度小、幅度大、速度和节奏慢的动作练习，以降低情绪的兴奋性。情绪低沉时，可以采用一些强度大、幅度小、速度和节奏快的动作练习，以此提高情绪的兴奋性。

小贴士

不同负面情绪对应的运动方式

焦虑对应运动：慢跑、瑜伽、游泳。焦虑会伴有植物神经功能紊乱的情况，如心慌、出汗、心跳加速等。在这种状态下最好做一些能让身心舒缓，帮助安静的运动。

愤怒对应运动：器械运动、登山、快速跑、网球、羽毛球。做一些消耗性的体育运动，负面的能量就宣泄掉了。

紧张对应运动：足球、篮球、排球。足球、篮球、排球场上形势多变，紧张激烈，只有冷静沉着地应对，才能取得优势。经常在这些激烈场合中接受考验，遇事就不会过于紧张，从而给比赛带来好处。

抑郁对应运动：快速跑、网球、羽毛球。当有持续性的抑郁心情时，最好选择简单、易于操作且有一定强度的运动，这有利于帮助转移注意力，走出抑郁的困扰。

6. 自我暗示法

自我暗示法是指通过言语暗示控制情绪和行为的方法，也可以借助手势、表情或其他暗号来进行暗示调节。自我暗示法的合理运用可以缓解运动员的心理压力，提高运动员的心理稳定性，使技战术水平正常或超常发挥。

比赛前和比赛中，教练员与运动员应尽量使用积极语言来分析对手情况，制定战术，树立信心。RNG 战队的教练员就对其战队打野选手每天进行鼓励，说他是世界第一打野，通过这种方式来达到增强选手自信的目的。教练员在鼓励时应避免使用消极语言，如“不要输”是一种消极的暗示语，它强调了“输”这一负面的结果。事实上，完全可以用积极肯定的暗示语表达同一意思，即“一定会赢”，这样的暗示语将会产生正面的效果。其他的语言，如用“我很镇静”代替“我不紧张”，用“我充满力量”代替“我还没有疲劳”，用“我站得很稳”代替“千万别摔倒”等。

7. 社会支持调节法

社会支持是一种当个体在面对应激事件时的重要资源，由他人提供。在电子竞技中，同伴的支持和鼓励是非常重要的社会支持。当面对失利时，会产生沮丧、担心、恐惧的负面情绪，其情绪背后是不安全感、失控感。此时，来自同伴的支持和鼓励能够大大缓解这种不安全感，将自己置身于一个完全支持自己的团队之中，会从心底迸发出力量感，从而获得自信。这种来自团队的鼓励包括但不限于语言上的支持。语言支持包含队友对自己具体某个操作的欣赏，如“漂亮”；也包含队友对自己失误的完全接纳，如“没关系，我们继续”；还包含对共同目标的信心，“我们一定可以赢”。除语言支持以外，眼神、肢体动作等都可以体现社会支持。

学习单元 3　心理战术

一、心理战术与电子竞技心理战术

1. 心理战术的定义

所谓心理战术，就是以人的心理为目标，根据赛场形势变化，有针对性地通过各种手段对人的心理施加影响，从心理上遏制对方，进而达到破坏对方战术决策和行动的目的。心理战术既不同于战术战略，又与战术战略分不开，其介于战术与战略之间，是战略的具体体现和重要组成部分。

心理战术的核心是心理干扰，具体包括对对方进行威慑、麻痹、迷惑等，迫使对方产生紧张、疑虑、疏忽大意、不知所措、犹豫不决等影响比赛发挥的心理反应。成功使用心理战术，能够分散对方的技术力量，削弱对方的实力，有效发挥自己的技战术。

在现代运动竞赛中，心理战术作用显著，已越来越引起人们的注意。研究心理战术的规律，提高心理战术的水平，对于取得优良的比赛成绩有重要的现实意义。

2. 电子竞技心理战术的竞技特征

与战术战略相比，心理战术的特点：一是施加对象是对方的心理，使其心理发生变化；二是心理战术需要一定的技术实力作后盾；三是心理战术往往具有潜在的、累积的缓发效应。

而电子竞技又有其特殊性，最大的特点是电子竞技需要电子竞技员利用硬件控制虚拟人物来实现竞技运动。与现实人比，虚拟人不受生理运动力学的周期性影响，不存在体力分配问题，战术执行过程中不会因为虚拟人的“体能不足”或“运动损伤”而终止，意外情况发生的频率相对较低。所以，电子竞技的心理战术实施具有一定“理想化”，执行率和成功率相对较高。

电子竞技的技战术必须遵循游戏规则，而不同的项目有不同的游戏规则，所有的心理战术都是建立在游戏规则之上的。例如英雄联盟，每个英雄都有不同的四个技能和共有的召唤师特殊技能，这就是游戏规则。因此，为了更好地发挥心理战术，需要对每个英雄的技能做到充分了解，研究技能的释放环境和时机，做到见招拆招。

二、心理战术的基本原则

《孙子兵法》提出“上兵伐谋”，充分回答了“善战者”如何利用谋略在战场上制胜。虚拟的电子竞技比赛本质上也是一场小规模的电子虚拟战争，战争双方需要依靠个人技术、团队战术以及心理战术等击败对手获得战斗的胜利。在使用电子竞技心理战术时，需要遵守以下几项原则。

1.“知己知彼，百战不殆”是心理战术的前提

任何心理战术的运用，都必须遵循“知己知彼，百战不殆”这个根本原则。如果没有正确的情报，整个竞技就像蒙着眼睛冲入战场一样混乱不堪。透彻地了解对手及己方的各种情况，是制胜的先决条件。

对于电子竞技团队来说，除了了解自己队员的特点，在赛前，教练员、领队还需竭尽全力收集各种情报，了解对手的情况。通过多方面的调查研究和相关数据，仔细分析自己和对手的特长，找出对手的活动规律、特点、优势、劣势等，确定己方的行动方案，以便在比赛中扬长避短，同时制约对手的优势发挥，争取比赛的主动权。OMG 电子竞技俱乐部获得了“绝地求生”2018 年第一次官方世界大赛冠军。他们的教练员在比赛前收集了足够的录像信息，分析出各个国际战队的进攻路线和习惯落脚点，指导战队进入敌人分布薄弱的区域进行作战。

当然，有些战队会利用这个机会，通过制造假情报和各种舆论来进行反“侦查战”。因此电子竞技员、教练员要保持冷静的头脑，尽可能收集情报，深入分析，判断对手意图。

知己知彼也是一个动态的过程。战斗情况复杂多变，各因素都在变化中，如对手购买的道具和武器装备、比赛中大型野怪的刷新等。因此，既要根据临场情

况灵活地变换自己的战术，又要根据对手的不同情况采用不同的心理战术。

2. 心理战术中的示形用佯

示形用佯是心理战术的核心，其原理是利用对方对己方的观察和情报来提供假象，隐藏真实信息，或利用对方习惯性思维定势，一反常规，灵活运用“奇”和“变”来与对方斗智，使对方难以判断己方的本意，造成误判，导致行动上的失误。

常用的示形用佯方法如下。

（1）示强法：给对方施加心理压力，使对方望而生畏，产生心理威慑作用，如先发制人，就是利用快一步的手法让己方处于领先地位，让对方因此心生畏惧。

（2）示弱法：给对方造成己方实力不强的假象，使对方麻痹大意，放松战斗意志，如有些战队为了得到最终胜利而暂时性采用局部牺牲战术，麻痹对方。

（3）示真法：有意暴露己方的比赛意图和情报，使对方形成“以真示假”的错觉，特别是对方曾上过“以假示真”的当后，很容易把“示真”也看成是假的，使对方反以为是假。

（4）示假法：对于生性多疑的对手，假则假之，很容易使其反以为是真。

真真假假，时而以假当真，时而又以真当假，可使对手真假难辨，收到很好的战术效果。例如，在一场 CS2 比赛中，Astralis 战队佯攻 A、B 两点，让对方分辨不清他们真正的意图，专注于 A、B 两点；Astralis 战队最终找准时机全力打击某个防守略薄弱点，最终取得了胜利。

3. 心理战术中的暗示手段

暗示是用特定的信息、间接的行为方式对人的心理活动产生影响的过程。它是强化示形作用的中间环节，是比赛双方进行心理斗智的媒介。心理战术的实施过程实质是通过暗示，影响对方的心理活动，调节对方的思维，随心理战术实施者的意图而转变。

例如，在射击类项目中，通过在掩体边缘摆动身体，暗示对方认为己方可能会出来开枪射击，但实际上只是摆动一下身体再缩回去。对方一旦开枪就需要 1.2 秒的拉栓换弹时间，此时己方就可趁机击杀对方。

三、几种常见心理战术

在电子竞技比赛中，比赛各方始终贯穿着发挥与反发挥、制约与反制约的激烈斗争。为了争取主动，比赛各方一方面力图发挥自己的优势，尽量弥补自己的弱点；另一方面又要努力去限制对方的特长，扩大其弱点。而这些意图的实现都是通过战术的合理运用而达成的。电子竞技员一方面要了解电子竞技中的基本心理战术，灵活运用；另一方面也需要识别对方的心理战术，厘清对方真实意图，从而突破反转。

在电子竞技中，常用心理战术有以下 4 类。

1. 出其不意，攻其不备，先发制人

这个心理战术具体表现：在己方做了充分准备，士气高涨，而对方在各个方面还未达到最佳竞技状态前，集中力量有针对性地将攻击的矛头指向对方薄弱环节，使对方在短时间内来不及调整自己的行动，造成被动挨打的局面，从而使己方取得比赛的主动权。该心理战术的本质在于降低对方反应时间，让对方来不及作出防护措施。

良好的开头，是成功的一半。在掌握了主动权后所产生的心理优势，会给人以充足的信心和力量。例如，在比赛一开始就将己方近期训练的“绝招”突然使用出来，从而破坏对方原有的战术，动摇其信心；一开始就采用猛烈的全攻打法来对付攻击力较差的对方，对方很可能会被这种凶悍的打法弄得喘不过气来，动摇了信心，心理崩盘，导致其他方面的长处也施展不出来。

该心理战术需注意以下 3 点。

（1）强调行动的突然性。在掌握对方行动规律和部署后，努力发现其弱点和失误，再进行突袭。如果对方已有所察觉，那么这场战役便失去了先机和主动权。

（2）强调行动的准备性。针对对方的弱点集中力量发挥己方的优势，一举奏效。

（3）充分利用游戏限制因素。隐蔽地进行准备且迅速地展开行动。适时地集中优势战斗力量，打得对方措手不及。

2. 避其锐气，后发制人

在两队竞技实力稍有差异的竞技比赛中，往往会有处于劣势的一方，若这时采用正面硬拼的打法往往会吃亏，更稳妥的策略是先退一步，以虚假的战术误导对方，当对方情绪不稳或处于疲惫状态时，便可乘机反攻，从而达到以弱胜强的目的。这就是心理战术中的避其锐气，后发制人。

一名成熟的运动员，一支成熟的队伍，在考虑运用战术时，首先是创造条件，不给对方任何战胜自己的机会，在使己方立于不败之地的基础上，再想方设法抓住任何可能战胜对方的机会。但比赛过程千变万化，很有可能出现不利于己方的情况，甚至有时会遇到几乎“山穷水尽”的局面，这就需要教练员有高度的预见性，运动员要有把握比赛发展趋势的能动性。

该心理战术需注意以下 3 点。

（1）不能仅理解为只防守不进攻，或到比赛快结束时再进攻。后发是被动的，要在被动中走出主动。

（2）后发的行动是有计划、有目的的，需要将场上比赛形势牢牢掌握在己方手中，做到胸有成竹。

（3）防守、退却不是被对方追着打，而是己方牵着对方走，暂时的退却是为了更多的取胜。

在 MOBA 类项目中，充分体现这种战术重要性的就是团战。若己方开局不利，一名队友先被击倒，对方可能会抓住机会进行猛烈的攻击。这时 4 人应后退，而非与对方正面硬刚。之后可以利用迂回战术，如在对方进攻路上进行埋伏等，不断寻找和创造战机来消磨对方。避免前期的正面对抗，不是畏惧、怯战，而是为了寻找战机再战。

3. 利而诱之，乱而取之

故意以假象迷惑对方，以达成掩饰己方战术意图目的，使对方产生错觉以至于判断或决策错误，或者使对方麻痹大意从而产生轻敌思想。在心理战术上，称之为迷惑。

例如，在比赛时电子竞技员一反常态，故意把原来娴熟的技术动作做得很差，以此来迷惑对方；在赛前有意放出“我队主力队员竞技状态不佳”等舆论，使对方掉以轻心，产生轻敌麻痹思想；隐藏最有威胁的高超战术打法；在有控制的前提下，不按常规套路出牌等。

4. 心理暗示，稳定情绪

心理战术的目的是动摇对方，影响其比赛心态。但是，当对方向己方进行心理攻击，或己方遇到不利情况时，要千方百计稳定己方的情绪，保持高昂的士气，使比赛按原定的计划和节奏进行。

攻心为上就是比赛双方在心理攻势上的较量，如果己方始终能保持饱满的情绪，高昂的斗志，以强大的精神力量削弱对方的士气，比赛就会朝着对己方有利的方向发展。

相关链接

Astralis 战队战术分析

在 CS2 历史上，Astralis 是迄今为止最成功的战队。他们四次夺得世界冠军，通过分析战术了解到其战术特点如下。

1. 坚持知己知彼的原则。Astralis 战队控图能力强，控图能力意味着能够收集更多信息。他们能控制住地图中最容易收集信息的点位，面对敌人隐藏信息时，即使是佯攻，他们也会有对应的防守策略。

2. 喜欢出其不意。Astralis 战队在细节上架枪的位置总是不固定的；在整体战术方面，尤其是进攻时，总能以声东击西的方式扰乱对方的判断。

3. 主动灵活。在防守时，Astralis 战队总是不断地变换阵型，只要收到信息，就会快速集中力量打击对方。

课后练习

1. 比赛心理调节的训练方法有哪些？如何在比赛过程中加以实时运用？
2. 与战术调整相比，心理调节有哪些特征？
3. 列举 MOBA 类项目中常用的心理战术。

职业模块 3

电子竞技数据分析

培训课程 1 电子竞技数据采集

学习单元 1 电子竞技平台数据采集方法

由于电子竞技数据分析行业发展还不成熟，很多俱乐部仍然采用传统手段进行数据分析。电子竞技平台数据采集有人工采集和计算机自动化采集两种方法。

一、人工采集

人工采集是工作人员手动记录游戏内指定的数据或利用游戏日志导出赛事数据，再对数据进行人工处理。虽然在数据采集的过程中，人工采集有明确的指向性，但无法保证数据的时效性和可靠性，且十分耗费人力。DOTA2 赛事人工采集步骤见表 3–1。

表 3–1 DOTA2 赛事人工采集步骤

步骤一	步骤二
手动记录游戏内指定的数据	人工处理数据
利用游戏日志导出赛事数据	

大部分手游项目的人工采集数据较为烦琐，需要工作人员将每场比赛的赛后数据手动截图，再进行相应的数据处理。端游项目虽然可以利用游戏日志导出赛事数据，但具有一定限制条件：需要单独的比赛服务器，以保证赛事数据的纯粹。如果比赛在正式游戏服务器中进行，数据则包含了大量普通玩家的游戏记录。即使有单独的比赛服务器，如果同一时间段内有很多比赛同时进行，同样会扰乱数据的有效性，工作人员需要从海量的数据中筛选出有效数据，再进行二次加工和处理。

以永劫无间为例，人工采集需先将赛后数据导出，再将每场比赛的表格合并处理，但游戏本身可提供的导出数据项仅有击杀、伤害两项，无法全面概括选手发挥水平。一旦工作人员在采集的过程中出现失误，需要对逐场比赛进行校正，效率较低。

永劫无间一局比赛的结算画面如图 3–1 所示，通过右下方导出数据按钮，可以通过 Excel 的形式从后台导出选手信息、队伍信息、击败人数、伤害总量等数据项（见图 3–2）。但该操作只是简单的数据导出，在数据处理之前很难清晰地分辨各电子竞技员与战队在比赛中的发挥水平。这显然不适合各平台进行传播、展示。人工处理后的永劫无间数据如图 3–3 和图 3–4 所示。

图 3–1 永劫无间结算画面

二、计算机自动化采集

计算机自动化工具可以直接对游戏日志进行处理，通过后端程序对数据进行分类整合，直接导出所需的有效数据，既节约人力又规避了人为因素造成错误的可能，可以方便、快捷地完成数据采集，如图 3–5 所示。

计算机自动化采集已经广泛应用于互联网和大数据等领域，但对于电子竞技数据分析师来说，由于版本的快速迭代和职业比赛数量有限等因素，自动化采集手段还未广泛应用于电子竞技竞赛的数据分析。

BattleResult_20210831_14_42_12 - Excel

文件　开始　插入　页面布局　公式　数据　审阅　视图

A1　Rank

	A	B	C	D	E
1	Rank	PlayerName	TeamID	KillCount	TotalHurt
2	1	快手YzG、布布	16	7	26903
3	1	摆烂怪物	16	5	16522
4	1	快手YzG、717	16	3	13617
5	2	小狙杀	19	1	7175
6	2	抖音轩轩仔mis	19	3	9874
7	2	傲银	19	2	8401
8	3	虎牙HT、法神	3	4	11672
9	3	虎牙HT、扶风	3	2	6898
10	3	虎牙HT、情敌	3	5	20439
11	4	虎牙子鱼风铃陪	13	2	16909
12	4	斗鱼SAYA、J	13	7	21894
13	4	虎牙、奈河桥	13	5	22412
14	5	CC直播杀手	20	4	9462
15	5	CC直播胖虎	20	1	2612
16	5	B站无敌阿龙龙	20	1	9290
17	6	快手Yzg、Mg317	17	0	8649
18	6	快手Yzg、Melo	17	0	3546
19	6	斗鱼帅锅不甩锅	17	3	6789
20	7	斗鱼LYDQvQ	2	3	18745
21	7	B站14阿阿阿	2	5	19102
22	7	B站、晚枫u	2	4	14465
23	8	Lemon	6	1	5836
24	8	anafree	6	3	5759
25	8	DY疾如风	6	2	8809
26	9	RA、内马尔	12	0	8629
27	9	RA、虎牙HT下雨	12	0	5430
28	9	RA、斗鱼靖哥哥	12	1	7860
29	10	B站龙体宝宝	1	1	11176
30	10	B站牛奶绷带	1	3	12593
31	10	CC直播刀馬	1	4	17238
32	11	LF、Miskya	5	3	16103
33	11	LF、白希	5	1	10878
34	11	LF、Xiaonan	5	2	10557
35	12	斗鱼蓝天Bsky	8	5	12722
36	12	英勇无比你好	8	4	9782
37	12	斗鱼、老10	8	2	5056
38	13	虎牙、谨一	18	0	5776
39	13	虎牙、niko	18	0	2817
40	13	虎牙钢镝星海陪	18	1	6392

图 3-2　永劫无间客户端导出数据

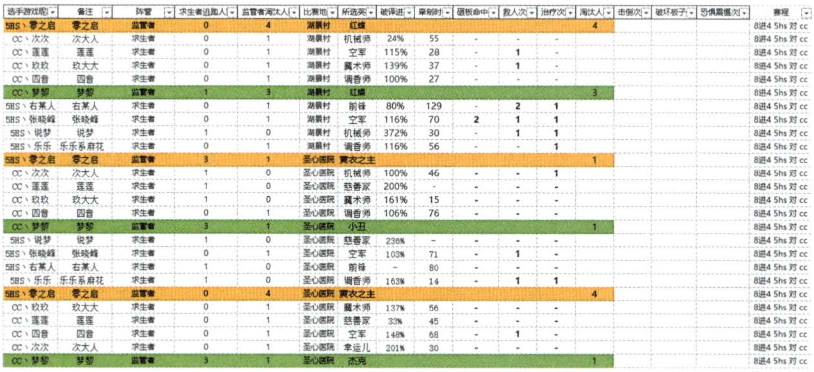

选手游戏昵	备注	阵营	求生者逃跑人	监管者淘汰人	比赛地	所选英	破译进	牵制时	砸板命中	救人次	治疗次	淘汰人	击倒次	破坏板子	恐惧震慑次	赛程
5HS、零之启	零之启	监管者	0	4	湖景村	红蝶						4				8进4 5hs 对 cc
CC、次次	次大人	求生者	0	1	湖景村	机械师	24%	55	-	-	-					8进4 5hs 对 cc
CC、莲莲	莲莲	求生者	0	1	湖景村	空军	115%	28	-	1	-					8进4 5hs 对 cc
CC、玖玖	玖大大	求生者	0	1	湖景村	魔术师	139%	37	-	1	-					8进4 5hs 对 cc
CC、四音	四音	求生者	0	1	湖景村	调香师	100%	27	-	-	-					8进4 5hs 对 cc
CC、梦黎	梦黎	监管者	1	3	湖景村	红蝶						3				8进4 5hs 对 cc
5HS、右某人	右某人	求生者	0	1	湖景村	前锋	80%	129	-	2	1					8进4 5hs 对 cc
5HS、张晓峰	张晓峰	求生者	0	1	湖景村	空军	116%	70	2	1	1					8进4 5hs 对 cc
5HS、说梦	说梦	求生者	1	0	湖景村	机械师	372%	30	-	1	1					8进4 5hs 对 cc
5HS、乐乐	乐乐系麻花	求生者	0	1	湖景村	调香师	116%	56	-	-	1					8进4 5hs 对 cc
5HS、零之启	零之启	监管者	3	1	圣心医院	黄衣之主						1				8进4 5hs 对 cc
CC、次次	次大人	求生者	1	0	圣心医院	机械师	100%	46	-	-	1					8进4 5hs 对 cc
CC、莲莲	莲莲	求生者	1	0	圣心医院	慈善家	200%	-	-	-	-					8进4 5hs 对 cc
CC、玖玖	玖大大	求生者	1	0	圣心医院	魔术师	161%	15	-	-	-					8进4 5hs 对 cc
CC、四音	四音	求生者	0	1	圣心医院	调香师	106%	76	-	-	-					8进4 5hs 对 cc
CC、梦黎	梦黎	监管者	3	1	圣心医院	小丑						1				8进4 5hs 对 cc
5HS、说梦	说梦	求生者	1	0	圣心医院	慈善家	236%	-	-	-	-					8进4 5hs 对 cc
5HS、张晓峰	张晓峰	求生者	0	1	圣心医院	空军	103%	71	-	1	-					8进4 5hs 对 cc
5HS、右某人	右某人	求生者	1	0	圣心医院	前锋	-	80	-	-	-					8进4 5hs 对 cc
5HS、乐乐	乐乐系麻花	求生者	1	0	圣心医院	调香师	163%	14	-	1	1					8进4 5hs 对 cc
5HS、零之启	零之启	监管者	0	4	圣心医院	黄衣之主						4				8进4 5hs 对 cc
CC、玖玖	玖大大	求生者	0	1	圣心医院	魔术师	137%	56	-	-	-					8进4 5hs 对 cc
CC、莲莲	莲莲	求生者	0	1	圣心医院	慈善家	33%	45	-	-	-					8进4 5hs 对 cc
CC、四音	四音	求生者	0	1	圣心医院	空军	148%	68	-	1	-					8进4 5hs 对 cc
CC、次次	次大人	求生者	0	1	圣心医院	幸运儿	201%	30	-	-	-					8进4 5hs 对 cc
CC、梦黎	梦黎	监管者	3	1	圣心医院	杰克						1				8进4 5hs 对 cc

图 3-3　永劫无间　数据处理 1

选手ID	英雄	阵营	演绎分	淘汰	恐惧震慑	击倒次	破译进	砸板名	救人次	牵制时	得分	是否逃	是否胜	是否平
AO.Rockson	蜘蛛	监管	10900	2	0	5					2			1
FD.Maeken	祭司		8206				126	0	1	22		1		1
FD.Onnanoko	调香师		4672				159	0	0	30				1
FD.Majifudah	先知		9763				26	0	0	112				1
FD.Doitchi	机械师		10297				191	0	1	40		1		1
FD.Ishibashi	蜘蛛	监管	6967	0	0	1					0			
AO.Ryuzen	空军		8977				140	0	1	26		1	1	
AO.Schmiddy	先知		9426				108	1	0	43		1	1	
AO.EzLo	机械师		12000				157	2	0	82		1	1	
AO.MyLeg	盲女		9563				191	1	0	35		1	1	
FD.Ishibashi	杰克	监管	12000	4	2	11					5		1	
AO.Ryuzen	空军		12000				80	0	2	74				
AO.Docman	调香师		12000				214	0	1	99				
AO.EzLo	机械师		12000				79	0	0	126				
AO.MyLeg	祭司		12000				191	0	1	53				
AO.Rockson	杰克	监管	9650	2	0	5					2			1
FD.Maeken	佣兵		10403				120	0	1	65				1
FD.Onnanoko	先知		5957				39	0	0	65				1
FD.Majifudah	盲女		8113				198	0	1	23		1		1
FD.Doitchi	机械师		6350				200	0	0	17		1		1
AO.Rockson	黄衣之主	监管	11900	4	0	5					5		1	

图 3–4　永劫无间　数据处理 2

选手游戏名	MVP次数	参赛场数	参赛局数	参赛轮数	总演绎分	场均演绎分	求生者轮数	求生者场均演绎分	总牵制时间	场均牵制时间	牵制贡献	总救人次数
MRC_XingH	1	9	25	25	180936	7237.44	25	7237.44	1676	67.07	0.23	26
MRC_XC	4	9	25	25	261522	10460.88	0	0	0	0	0	0
MRC_XiaoD	1	9	25	25	210260	8410.4	25	8410.4	1976	79.06	0.28	16
MRC_ZhengM	0	0	0	0	0	—	0	0	0	0	0	0
MRC_HengH	0	9	25	25	168999	6759.96	25	6759.96	1712	68.49	0.24	12
MRC_AngelDD	0	8	22	22	174378	7926.27	22	7926.27	1472	66.92	0.21	16
MRC_HuaC	0	1	3	3	22177	7392.33	3	7392.33	298	99.61	0.04	1
FPX.ZQ_SanS	0	9	24	24	190929	7955.38	24	7955.38	2104	87.69	0.32	23
FPX.ZQ_Maom	1	9	24	24	172316	7179.83	24	7179.83	1646	68.61	0.25	11
FPX.ZQ_Drop	1	9	24	24	156665	6527.71	24	6527.71	1287	53.66	0.2	10
FPX.ZQ_Libao	1	9	24	24	184442	7685.08	24	7685.08	1560	65.02	0.24	17

图 3–5　计算机自动化采集数据

学习单元 2　电子竞技数据采集媒体渠道

一、数据采集媒体渠道

电子竞技数据采集媒体渠道具有多样性和专业性的特征，包括官方数据源、第三方数据提供商、新闻媒体与电子竞技媒体平台、社交媒体以及订阅服务等，这些渠道共同构成了电子竞技媒体数据的多元化采集体系。

1. 官方数据源

官方数据源是指直接来源于电子竞技赛事和组织本身的权威数据发布渠道。这些官方数据源通常通过官方网站或 API 接口（应用程序编程接口）的形式，向外界提供最新、最准确的数据。它们涵盖了赛事信息、赛程安排、比赛结果等关键数据，是电子竞技媒体数据采集的重要组成部分。由于官方数据源直接与电子竞技赛事和组织相关联，因此其数据的权威性和准确性得到了广泛认可，成为电子竞技媒体和数据分析师信赖的数据来源之一。

英雄联盟作为一款全球知名的电子竞技游戏，其官方赛事体系庞大且完善，包括全球总决赛、季中冠军赛等多个重要赛事。为了确保赛事数据的权威性和准确性，拳头游戏（Riot Games，英雄联盟的开发商和发行商）会通过其官方网站和 API 接口，向电子竞技媒体、数据分析机构以及广大电子竞技爱好者提供赛事的实时数据、历史战绩、战队排名等关键信息，图 3–6 展示了 2024 年 LPL 赛事 BLG 战队和 AL 战队两支队伍的近五次交手记录。

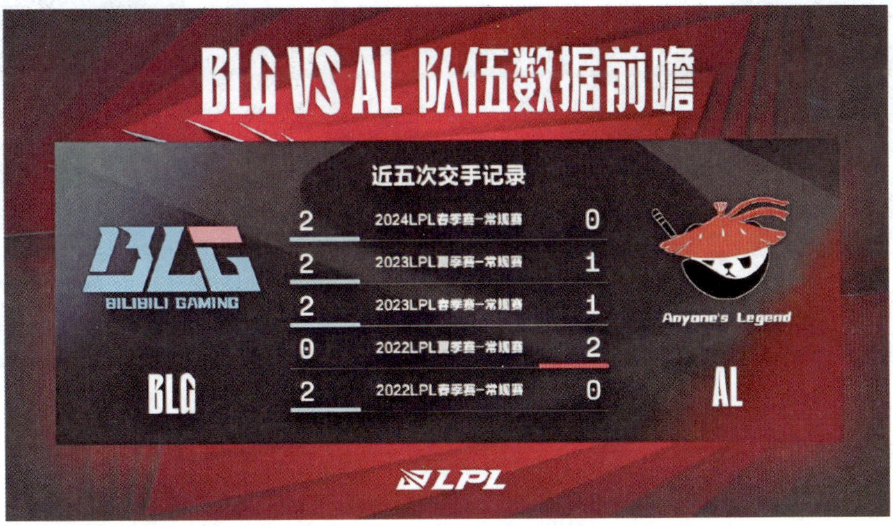

图 3–6 英雄联盟官方数据

这些官方数据源不仅为电子竞技媒体提供了丰富的报道素材，也为数据分析师提供了研究电子竞技市场、评估战队实力、预测比赛结果的重要依据。同时，官方数据源的开放性和透明度也促进了电子竞技行业的健康发展，增强了电子竞技比赛的公平性和观赏性。

随着电子竞技行业的不断发展和技术的不断进步，官方数据源的种类和形式也在不断丰富和拓展。除了传统的官方网站和 API 接口外，一些电子竞技组织还开始尝试通过社交媒体、直播平台等渠道发布赛事数据，以满足不同用户群体的需求。这些新的数据源形式不仅提高了数据的传播效率，也进一步丰富了电子竞技媒体数据采集的渠道和方式。

2. 第三方数据提供商

第三方数据提供商在电子竞技媒体数据采集领域扮演着至关重要的角色。这些专业机构通过整合多个电子竞技组织和赛事的数据资源，运用先进的数据采集、处理和分析技术，为电子竞技媒体、赛事主办方、战队及电子竞技爱好者等提供全面、准确、及时的电子竞技媒体数据服务。第三方数据提供商案例如图 3–7 所示。

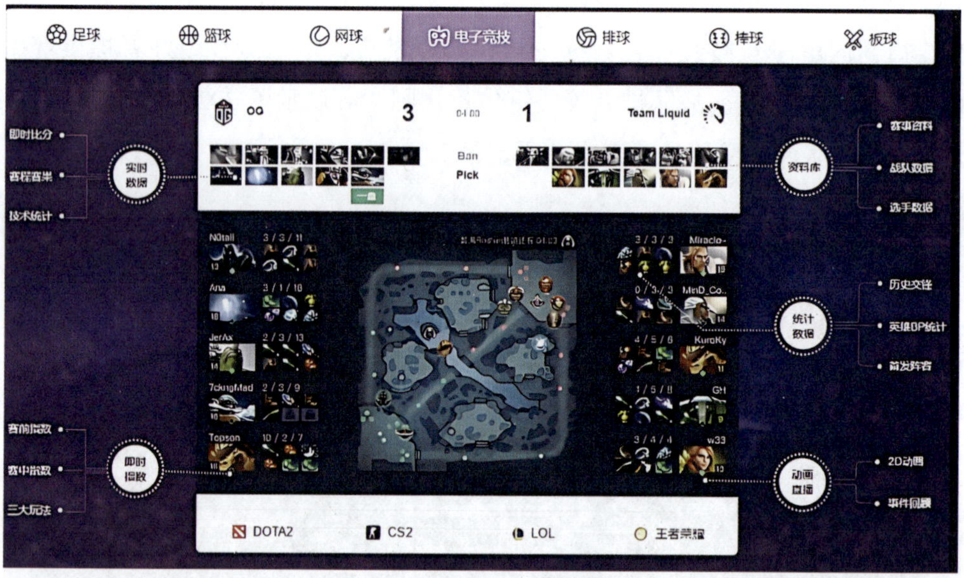

图 3–7　第三方数据供应商案例

具体而言，第三方数据提供商的优势在于其数据的全面性和准确性。它们不仅覆盖了主流的电子竞技游戏和赛事，还关注到了小众领域，确保数据的广度和深度。同时，通过对数据的严格筛选和清洗，这些提供商能够为客户提供高质量的数据服务，避免因数据错误或不一致而引发的问题。

第三方数据提供商通常提供多种形式的数据服务。一方面，它们通过 API 接口向客户开放数据资源，使客户能够根据自己的需求灵活地获取和使用数据。另一方面，它们还开发了专门的数据服务平台或应用程序，将复杂的数据以直观、易懂的方式呈现给客户，降低了数据使用的门槛。

以纳米数据（电子竞技第三方数据提供商）为例，其不仅提供电子竞技赛事的实时数据、历史战绩、战队排名等基本信息，还深入游戏内的数据统计和分析，如选手的 KDA（击杀、死亡、助攻）数据、英雄的胜率、地图控制率等高级指标。这些数据不仅满足了电子竞技媒体的报道需求，也为战队战术分析、选手选拔培训等方面提供了有力支持。

第三方数据提供商是电子竞技媒体数据采集领域中不可或缺的重要组成部分。它们通过提供全面、准确、及时的数据服务，为电子竞技产业的发展提供了有力支持。随着电子竞技行业的不断发展和技术的不断进步，第三方数据提供商在电子竞技媒体数据采集领域的地位和作用将会越来越重要。

3. 新闻媒体与电子竞技媒体平台

一些新闻媒体和专注于电子竞技领域的媒体平台也会提供电子竞技媒体数据服务。这些平台通常拥有专业的电子竞技报道团队和数据分析师，能够及时发布电子竞技赛事的最新动态和数据信息。例如，ESPN、体育画报等新闻媒体，以及玩加电竞、刺猬电竞社等电子竞技媒体平台，都是获取电子竞技媒体数据的重要渠道。

在提供电子竞技数据获取渠道方面，电子竞技媒体平台通常采用多种形式。一方面，它们通过官方网站、移动应用等渠道，向用户提供实时更新的电子竞技数据服务。用户可以通过这些平台轻松查询到自己关注的赛事、战队和选手的最新信息。另一方面，电子竞技媒体平台还与第三方数据提供商合作，引入更加专业和全面的电子竞技数据资源，以满足用户的不同需求。

电子竞技媒体平台还注重数据的深度挖掘和分析，通过专业的数据分析团队，为用户提供有价值的洞察和预测，帮助用户更好地理解电子竞技市场和赛事趋势。电子竞技媒体平台通过提供全面、及时、专业的电子竞技数据服务，为电子竞技爱好者、战队、赛事主办方及数据分析师等提供了重要的数据获取渠道。这些平台不仅丰富了电子竞技生态的内容体系，也推动了电子竞技行业的健康发展。

4. 社交媒体

社交媒体也是获取电子竞技媒体数据的重要途径之一。许多电子竞技爱好者、选手、战队和媒体都会在社交媒体上分享电子竞技赛事的相关信息和数据。通过关注这些账号，可以及时了解电子竞技圈内的最新动态和数据变化。

社交平台在电子竞技领域同样扮演着举足轻重的角色，它们不仅为电子竞技爱好者提供了一个交流互动的空间，也成了电子竞技数据获取的重要渠道之一。通过社交平台，用户可以轻松获取到电子竞技相关的最新资讯、赛事动态以及选手和战队的日常分享，进而了解到更多与电子竞技相关的数据和信息。

在提供电子竞技数据获取渠道方面，社交平台具有独特的优势。一方面，许多电子竞技战队、选手和赛事主办方都会在自己的官方社交账号上发布最新的赛事信息、比赛结果和数据分析等内容，用户可以通过关注这些账号来获取第一手的数据资料。另一方面，社交平台上的电子竞技社区和群组也是获取电子竞技数据的重要场所。在这些社区和群组中，用户可以与志同道合的电子竞技爱好者交流心得、分享经验，并获取更多有价值的电子竞技数据和信息。

微博是典型的社交平台。在微博平台上，许多电子竞技战队、选手和赛事主办方都建立了自己的官方账号，并通过这些账号发布最新的电子竞技资讯和数据。同时，微博上的电子竞技超话社区也吸引了大量电子竞技爱好者的关注，他们在这里分享自己的电子竞技心得、讨论赛事走向，并获取来自不同方面的电子竞技数据和信息。这种多元化的数据获取方式使得社交平台在电子竞技领域具有极高的价值。

5. 订阅服务

一些数据提供商和媒体平台还提供电子竞技媒体数据的订阅服务。用户可以通过订阅服务定期获取到最新的电子竞技赛事数据和分析报告，满足个性化需求。这种订阅服务通常包括实时数据更新、历史数据查询、数据分析工具等功能，适合需要深入研究和分析电子竞技数据的用户。

订阅服务在电子竞技数据领域提供了一种便捷且高效的数据获取方式，特别适合那些需要持续追踪电子竞技动态、深入分析赛事数据的用户。这种服务模式通过定期向用户推送电子竞技相关的最新数据、深度分析、赛事预测等内容，帮助用户节省了大量的时间和精力，使其能够更专注于电子竞技内容的消费和分析。

订阅服务的核心优势在于其个性化和定制化的特点。用户可以根据自己的需求和兴趣，选择适合自己的订阅套餐，获取到特定游戏、战队、选手或赛事的详细数据。同时，一些高级订阅服务还提供了数据分析工具、定制化报告等增值服务，帮助用户更深入地挖掘数据背后的价值，为电子竞技决策提供更加有力的支持。

刀塔 PLUS 就属于 DOTA2 这款游戏的额外订阅服务，如图 3–8 所示。它利用大数据分析技术，为玩家提供实时的胜率预测、英雄选择建议、技能加点及出装推荐等。这些服务不仅提升了玩家的游戏体验，还帮助玩家更好地理解和应对比赛中的复杂局势。

订阅服务的出现，不仅丰富了电子竞技数据的获取渠道，也推动了电子竞技数据行业的进一步发展。随着电子竞技市场的不断扩大和用户需求的不断增加，未来会有更多优质的电子竞技数据订阅服务涌现出来，为用户提供更加全面、专业、个性化的数据服务体验。

图 3–8　提供电子竞技数据分析的订阅服务

二、数据采集方法

1. 利用合适的媒体渠道

明确数据需求是首要任务。无论是关注特定战队的战绩、选手的表现数据，还是整个赛事的统计数据，清晰的数据需求有助于精准定位合适的媒体渠道。同时，了解数据的时效性和深度要求，也是确保收集到有用信息的关键。

官方数据以其权威性和即时性著称，直接来源于赛事主办方或游戏开发商，为用户提供准确且最新的比赛结果、战队排名等核心数据。第三方数据提供商则以其专业性和全面性见长，通过深度挖掘和加工海量数据，为电子竞技爱好者及从业者提供详尽的赛事分析、选手表现统计及趋势预测等高级数据服务。新闻媒体与电子竞技媒体平台则扮演着信息聚合与解读的角色，整合多方资源，为用户提供包括新闻资讯、赛事直播、数据分析在内的全方位电子竞技数据服务，满足用户多样化的信息需求。社交媒体作为电子竞技社区的重要组成部分，以其互动性和实时性为特点，用户可以通过关注官方账号、参与话题讨论等方式获取电子竞技相关的数据和信息，同时也是电子竞技数据传播和分享的重要渠道。而订阅服务则提供了一种个性化、定制化的数据获取方式，用户可以根据自己的需求选择适合的订阅套餐，享受定期推送的电子竞技数据、深度报告及专属分析等服务，助力用户更深入地洞察电子竞技市场和赛事动态。

2. 使用数据爬虫技术

对于有一定技术基础的用户，可以使用数据爬虫技术从电子竞技媒体网站上抓取电子竞技数据。这种数据获取方法以其强大的自动化能力和广泛的覆盖范围著称。这种爬虫技术能够智能地模拟用户浏览行为，快速、准确地从互联网各个角落抓取电子竞技相关的数据，包括但不限于比赛结果、战队信息、选手表现等，极大地提高了数据收集的效率与全面性。同时，通过灵活配置和定制，爬虫能够适应不同来源的数据格式和结构，满足多样化的电子竞技数据需求。

在利用数据爬虫技术获取电子竞技数据时，必须严格遵守法律法规和网站使用协议，确保爬虫行为的合法性和合规性。这包括尊重网站的 robots 协议，避免对目标网站造成过大负担，不侵犯用户隐私和数据安全等。此外，还需要注意数据的准确性和可靠性，对爬取到的数据进行严格筛选和验证，以确保数据的质量符合分析要求。同时，随着网站结构和数据格式的不断变化，爬虫也需要定期更新和维护，以保证其持续有效地工作。

3. 参与电子竞技社区论坛

电子竞技社区和论坛作为电子竞技爱好者交流与互动的聚集地，其特色在于高度的互动性和丰富的信息资源，如图 3–9 所示。这些平台不仅汇聚了来自世界各地的电子竞技爱好者，还涵盖了广泛的电子竞技话题，从赛事讨论到游戏攻略，从战队动态到选手八卦，应有尽有。在电子竞技社区和论坛中，用户可以自由发表观点、分享经验、提问求解，形成了一种独特的电子竞技文化氛围。此外，这些平台还经常举办各种线上活动，如赛事预测、话题讨论、抽奖福利等，进一步增强了用户的参与感和归属感。

图 3–9　国内知名电子竞技社区 NGA.CN 精英玩家俱乐部

在参与电子竞技社区和论坛时，用户需要注意保持理性、客观的态度，尊重他人的观点和隐私。在发表言论时，应避免使用攻击性、侮辱性的语言，以免引发不必要的争端和冲突。同时，用户还需要注意信息的真实性和准确性，不传播未经证实的谣言和虚假信息。在参与线上活动时，要遵守活动规则，诚信参与，不利用作弊手段获取不正当利益。此外，用户还应注意个人信息的保护，不轻易透露个人敏感信息，以免遭受网络诈骗等风险。

课后练习

以某电子竞技项目为例，简要分析其官方赛事所展示数据的构成。

培训课程 2 电子竞技数据分类与录入

学习单元 电子竞技数据的类型及录入

一、电子竞技数据的类型

电子竞技数据分类方式多种多样，从应用场景的角度可以分为赛程赛制数据与竞技项目数据。

1. 赛程赛制数据

赛程赛制数据有两种划分方式：时间区分和比赛模式区分。

（1）时间区分。以永劫无间为例，其比赛赛制采用双周赛，一个双周又分为常规赛和周决赛，能否进入最后的总决赛，比较的是周决赛积分，在这样复杂的赛制组合下就需要区分周常规赛数据和周决赛数据。

（2）比赛模式区分。比赛模式区分是根据项目规则决定的，如永劫无间的比赛分为单排和三排两种模式，这就需要对两种模式产生的不同数据进行分类统计，避免出现数据混淆，如图 3–10 所示。

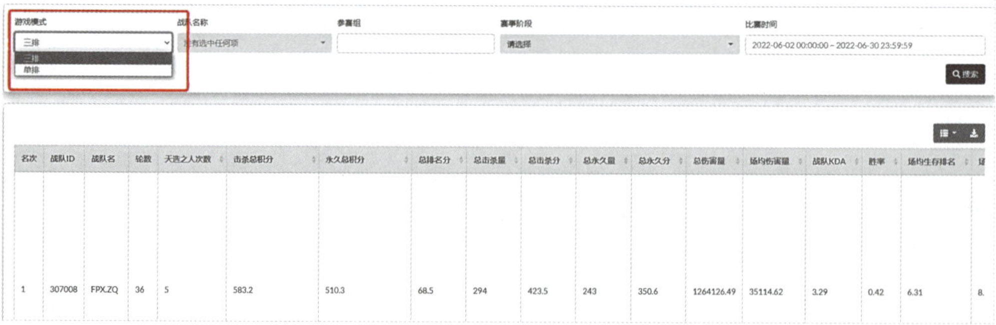

图 3–10 根据不同比赛模式区分数据

2. 竞技项目数据

根据电子竞技项目自身的特点，竞技项目数据分为单项数据和综合数据。不同项目有不同的技战术要求，每个项目的数据有很大区别。同一个项目也会因为版本变更和时代发展，对数据权重有不同的理解。

（1）单项数据。单项数据主要有选手数据和战队数据。战队数据不仅仅是选手数据的求和或求均，如第五人格中的“求生者得分”就是战队数据中独有的内容。选手数据和战队数据如图 3–11 和图 3–12 所示。

选手账号ID	选手游戏名	战队名	MVP次数	参赛场数	参赛局数	参赛轮数	总演绎分	场均演绎分	求生者轮数	求生者场均演绎分	总牵制时间	场均牵制时间	牵制贡献	总救人次数	场均救人次数
IVL_149	MRC_XingH	奇迹电子竞技俱乐部	1	9	25	25	180936	7237.44	25	7237.44	1676	67.07	0.23	26	1.04
IVL_105	MRC_XC	奇迹电子竞技俱乐部	4	9	25	25	261522	10460.88	0	0	0	0	0	0	0
IVL_107	MRC_XiaoD	奇迹电子竞技俱乐部	1	9	25	25	210260	8410.4	25	8410.4	1976	79.06	0.28	16	0.64
IVL_150	MRC_ZhengM	奇迹电子竞技俱乐部	0	0	0	0	0	-	0	0	0	0	0	0	0

图 3–11　选手数据

战队ID	战队简称	战队名	场数	局数	轮数	监管者轮数	求生者轮数	胜场数	负场数	净胜局数	加赛胜局数	加赛胜局率	胜局数	负局数	胜轮数	平局数	平轮数	胜场平局数	负场平局数
1002	MRC	奇迹电子竞技俱乐部	9	25	50	25	25	6	3	4	0	0	10	6	21	8	14	6	2
1003	FPX.ZQ	朱雀电子竞技俱乐部	9	24	48	24	24	8	1	8	0	0	12	4	18	8	20	7	1
1004	DOU5	DOU5电子竞技俱乐部	9	25	50	25	25	6	3	4	0	0	11	7	18	6	19	4	2

图 3–12　战队数据

一些电子竞技项目提供了可供选择的竞技场景，此时竞技场景会成为数据分类的依据。例如，CS2、星际争霸、QQ 飞车手游、第五人格等项目，不同的地图选择会搭配不同的技战术，此时需要以地图为依据对数据进行分类，如图 3–13 所示。在 MOBA 类项目中，不同英雄组合的选择也对应不同的战术，因此英雄维度的数据统计也十分常见。

第五人格 / 数据中心 / 地图统计

选择维度：地图　地图名称：没有选中任何项　战队名称：没有选中任何项　赛事阶段：没有选中任何项　比赛时间

地图ID	地图名称	平均比赛用时	选取次数	禁用次数	[redacted]数	[redacted]	[redacted]数	[redacted]数	[redacted]	[redacted]数	求生者平均得分
6	军工厂	391.24	24	15	14	1	8	1	0	1	2.31
11	红教堂	406.51	21	18	4	10	7	0	0	0	1.95
18	圣心医院	420.62	9	10	1	6	2	0	0	0	2.11

图 3–13　第五人格 地图维度数据统计

（2）综合数据。综合数据是将地图、英雄与选手、战队等单项数据进行融合，衍生出战队在地图的表现、选手使用某英雄胜率等多维度的复合数据。图 3–14 至图 3–16 是第五人格中战队 + 英雄、选手 + 英雄、战队 + 地图的综合数据示例。

第五人格 / 数据中心 / 英雄统计

选择维度：队伍　英雄名称：没有选中任何项　战队名称：没有选中任何项　赛事阶段：请选择　比赛时间

搜索

战队名称	英雄名称	参赛轮数	ban 率	pick 率	登场次数最多地图	轮胜率	轮平率	轮均比赛耗时	轮均演绎分	轮均破译进度	轮均牵制时间	轮均救人次数	轮均治疗次数	轮均砸板命中数	轮均逃生率
奇迹电子竞技俱乐部	魔术师	1	0	0.02	圣心医院	0	1	376.83	2989	0	58.74	0	0	0	0
奇迹电子竞技俱乐部	冒险家	1	0.02	0.02	圣心医院	1	0	352.39	6588	151	16.67	1	0	0	1
奇迹电子竞技俱乐部	佣兵	16	0.14	0.32	唐人街	0.56	0.25	382.88	7424.25	163.62	50.21	1.31	0.25	0.06	0.75
奇迹电子竞技俱乐部	空军	3	0	0.06	39	0	0.33	351.14	5374.33	118.33	50.49	0.33	0	0	0.33

图 3–14　第五人格 战队选择英雄相关数据统计

第五人格 / 数据中心 / 英雄统计

选择维度：选手　英雄名称：没有选中任何项　战队名称：没有选中任何项　赛事阶段：请选择　比赛时间

搜索

角色名	英雄名称	参赛轮数	ban 率	pick 率	登场次数最多地图	轮胜率	轮平率	轮均比赛耗时	轮均演绎分	轮均破译进度	轮均牵制时间	轮均救人次数	轮均治疗次数	轮均砸板命中数	轮均逃生
MRC_XC	蜘蛛	3	-	0.12	唐人街	0.33	0.33	421.35	10761.67	0	0	0	0	0	0
MRC_XC	红蝶	3	-	0.12	圣心医院	0.33	0.33	406.44	11147.33	0	0	0	0	0	0
MRC_XC	梦之女巫	9	-	0.36	唐人街	0.33	0.44	483.65	11085.33	0	0	0	0	0	0
MRC_XC	红夫人	3	-	0.12	军工厂	0	0	376.35	7610.67	0	0	0	0	0	0

图 3–15　第五人格 选手选择英雄相关数据统计

战队ID	战队简称	地图ID	地图名称	平均比赛用时	选取次数	主动选取次数	非主动选取次数	禁用次数	[redacted]	[redacted]	[redacted]	[redacted]	[redacted]	[redacted]	胜局
1002	MRC	6	军工厂	380.59	3	1	2	-	2	0	0	1	0	1	0.33
1002	MRC	11	红教堂	321.46	2	0	2	-	0	1	1	0	0	0	0.5
1002	MRC	18	圣心医院	358.48	3	0	3	-	0	3	0	0	0	0	0.33

图 3-16　第五人格 战队选择地图相关数据统计

二、电子竞技数据的录入

1. 数据的归属

在数据录入的过程中，最主要的是应分清该条数据的归属。如果是人工录入，会经常遇到电子竞技员更改游戏 ID 的情况，此时就需要录入人员格外注意数据的归属，否则会对数据库造成污染，导致展示的数据有误。例如，某电子竞技员在不同赛季效力于不同的电子竞技俱乐部，多次修改了 ID 前缀，如果录入人员将该名电子竞技员的数据归为不同电子竞技员的数据，则是明显的工作失误。此外，一名电子竞技员可能会有多个账号，需要明确数据应归属到该名电子竞技员，还是归属到这个账号，否则会出现数据污染的情况。

除了个人因素外，还包括赛事、赛事阶段、角色、地图等，录入人员在数据录入时，根据上述因素进行数据归属的确认。

2. 分类录入

无论是 MOBA 类项目、射击类项目还是格斗类项目，数据的录入都是围绕竞技目标、竞技战术等关键要素完成的。下面以 MOBA 类项目英雄联盟为例，讲解数据的录入。

（1）实时数据。实时数据包括正补数、击败数、阵亡数、血量、远古龙击败数等。实时数据是实时产生变化的数据，也是反映电子竞技员状态、团队状态和竞技场面的最基础数据。这类数据不需要经过加工，只需从电子竞技项目实时画面上直接收集即可。

（2）实时事件。实时事件包括 BP 阶段、英雄击杀、防御塔摧毁等。实时事件也是反映竞技局面的重要因素，如 BP 阶段博弈的过程。此类数据需要根据场面变化将事件转化为数据再进行录入，而初步加工的过程需要对该项目规则有一定的了解。

（3）特殊事件。特殊事件包括第一滴血以及游戏内的一些随机设定。此类数据的采集过程和实时事件相同。特殊事件的设定能增加游戏的趣味性和随机性。

（4）实时统计。实时统计即前面所介绍的综合数据，是多个单项数据的结合。例如，在一场英雄联盟比赛中，提取当前版本关键数据（对位经济差、总经济差、防御塔摧毁数、远古龙击败数等）进行分析，便能较为准确地得出竞技局面的现状、比赛的走向和最终胜负。

课后练习

以某电子竞技项目为例，简要分析其综合数据包含哪些维度。

职业模块 4 电子竞技活动表演

培训课程 1 个人品牌维护

学习单元 1　品牌内涵

品牌内涵是一个多维度且深入的概念，它涵盖了品牌的识别度、声誉、价值观、个性、文化以及与消费者之间的情感联系。一个强大的品牌内涵不仅代表着产品或服务的品质保证，更在消费者心中建立起独特的情感认同和忠诚度。它反映了品牌的使命、愿景和核心价值，是品牌与消费者之间沟通的桥梁。通过精心打造品牌内涵，企业可以塑造出与众不同的品牌形象，从而在竞争激烈的市场中脱颖而出。同时，品牌内涵也是企业持续发展和创新的动力源泉，它激励着企业不断追求卓越，满足消费者的多元化需求。

对于电子竞技品牌内涵来说，它融合了竞技实力、个人魅力、战术创新性以及团队文化和价值观。在电子竞技领域，一个成功的品牌不仅是一个标识或名字，它更是团队与粉丝之间情感连接的桥梁。电子竞技品牌内涵体现在电子竞技员的卓越技能、精彩的比赛瞬间以及独特的团队合作方式上，这些都吸引着观众的目光并激发他们的热情。同时，品牌所传递的价值观和文化，如团队合作、追求卓越、永不放弃等，也为粉丝提供了情感共鸣和归属感。

随着电子竞技行业的快速发展，电子竞技品牌需要不断创新和改进，以满足粉丝的多元化需求，并在激烈的市场竞争中保持领先地位。

一、品牌的定义

小到一名电子竞技主播，大到游戏开发商，都可以成为人们耳熟能详的电子竞技品牌。菲利普·科特勒指出，品牌是一种名称、术语、标记、符号或图案，或是它们的组合，用以识别某个销售者或某群销售者的产品或服务，并使之与竞争对手的产品或服务相区别。

二、品牌化

1. 品牌化的基本原理

品牌化的基本原理是一个品牌把一个产品（物品或服务）转化成比产品本身具有更多意义的东西。这种品牌意义就是品牌拥有却不能复制的东西，竞争者能够制造相同的产品，但难以创造相同的品牌。

腾讯游戏于 2019 年开启了全新的品牌升级，其品牌口号从“用心创造快乐”升级为“Spark More！去发现，无限可能”。从此，腾讯游戏人有了一个新称号“Sparker”。“Spark”代表创造力，这个称号配得上每一位电子竞技爱好者，以及在电子竞技各个领域勇于探索和创新的人们。

2. 品牌化的意义

品牌化在电子竞技产业中具有重大的意义。首先，品牌化能够显著增强电子竞技团队或组织的认知度和影响力，一个独特且鲜明的品牌形象能够吸引更多的目光，从而提升其竞争力。其次，品牌化有助于建立与粉丝之间的信任和忠诚关系。真实、透明的品牌传达方式能够获得电子竞技社区的信任，培养粉丝的忠诚度，为团队或组织带来长期、稳定的支持。再次，品牌化还能够提升团队或组织的商业价值和吸引力，吸引更多的赞助商、广告商和合作伙伴，为团队或组织带来更多的资金和资源支持，进一步增加其商业价值。最后，品牌化是团队文化和价值观传播的重要途径，通过品牌活动、传播和合作等手段，团队或组织能够传递自身的文化和价值观，与粉丝和公众建立更加紧密的联系。

三、品牌识别与定位

1. 品牌识别

品牌识别是品牌管理者希望通过创造能够引起人们对品牌美好印象的联想物。品牌识别主要包含名称、标志、包装与标语等。

成功的品牌名称往往具有独特、联想、传统、简洁等特征。成都 AG 电子竞技俱乐部全称为“All Gamers E-sports Club”（见图 4-1）。AG 电子竞技俱乐部掀起的潮流文化，吸引了更多年

图 4-1　成都 AG 电子竞技俱乐部标志

轻用户，“All Gamers”的名称也让俱乐部的粉丝群体更为凝聚。

2. 品牌定位

定位是辨别一个产品或品牌相对于竞争者在消费者心目中所处位置的一种方法。品牌定位是一个相对的概念，需要将企业和竞争者进行横向对比。在分析竞争对手造成的潜在威胁时，应该监测以下 3 个变量。

市场份额：竞争对手在目标市场所占的份额。

心智份额：顾客在回答“在本行业中，令你想起的第一个企业”时，提到竞争者的比例。

情感份额：顾客在回答“你会倾向购买哪个企业的产品”时，提到竞争者的比例。

那些能稳步获得心智份额和情感份额的企业必将最终赢得更高的市场份额和利润率。

从消费者的角度来看，品牌的价值在于品牌所作出的承诺。品牌传播设定了期望值，顾客在使用产品时，相信这些承诺会兑现，期望可满足。许多品牌遭受言过其实之苦，是由于吹嘘和夸大产品功效，结果无法兑现承诺，导致消费者对其感到失望。

学习单元 2　品牌战略

营销战略三角形是最重要的营销工具之一（见图 4–2），其 3 个核心要素（定位、差异化、品牌）彼此紧密交织在一起，相互支持。

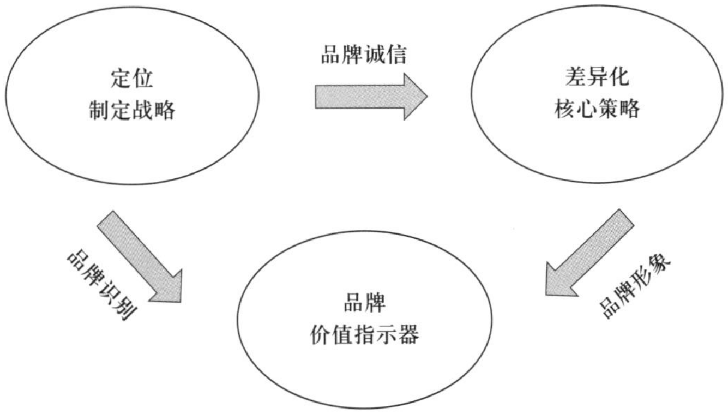

图 4–2　营销战略三角形

一、定位

企业定位的过程也是品牌识别的过程。亚洲航空公司（AirAsia）利用“人人都能够飞上天”的口号，连同其在东亚和东南亚经营的子公司以及经营长途运输的航空公司，成功地把公司定位成“第一家低价航空运输服务供应商”。

虽然，品牌定位可能会随着企业的不同而有所区分，但是以下 5 个要素是公认的、至关重要的定位要素（见图 4–3）。

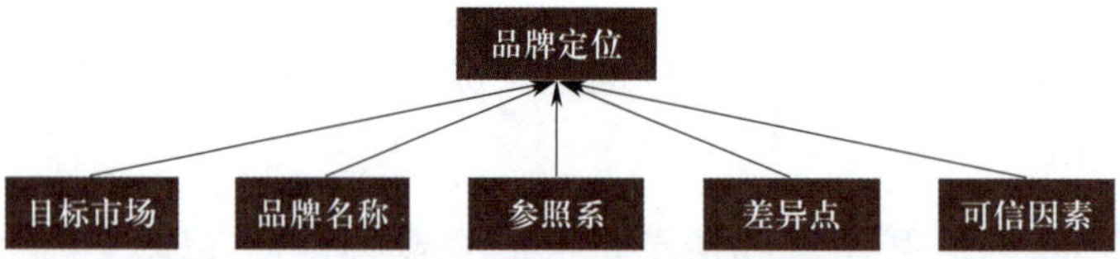

图 4–3　品牌定位组成要素

目标市场。目标市场是对商品和服务提供对象（目标顾客）的清晰描述。这里通常是基于地理位置、人口统计、心理和消费者行为等描述的。

品牌名称。品牌名称是提供给顾客价值的一种反映。品牌名称应该容易被记忆，不应该与负面的事物有所关联。

参照系。参照系是决定某样东西应该被实现、接受或者理解的一个条件或者设想。

差异点。差异点是顾客选择该公司的产品而不选择竞争对手产品的原因。

可信因素。可信因素是特定品牌交付或兑现向顾客所作出承诺的证据。

二、差异化

差异化是品牌营销的核心策略，体现在 3 个不同的层次：内容（提供什么）、情境（如何包装）和基础结构（实现差异化的使能要素）（见图 4–4）。

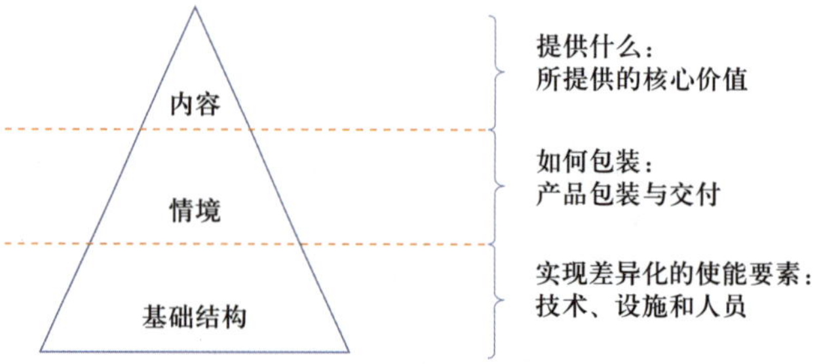

图 4–4　差异化的 3 个层次

内容指的是提供给顾客的核心价值。对于有些企业来说，这可能是有形的，如对饮料公司而言，内容指的是其饮料的口味和新鲜度等；对于汽车公司而言，内容指的是车辆的性能。在酒店行业，内容指的是除了所提供的房间外，还包含其他无形的服务。

情境是指企业如何将自己的产品提供给顾客。通过情境差异化可以使顾客把该企业产品同其他竞争对手的产品区分开来。在酒店行业，情境可以是酒店房间和环境所营造出来的气氛。

基础结构是指实现差异化的使能要素，包含技术、设施和人员。独特的内容和情境往往会对独特的基础结构支持提出需求。对于汽车公司而言，这里指的是为了按照目标制造出有价值的产品，所拥有的技术、先进的生产设备和训练有素的劳动力。

以电子竞技赛事品牌 ESL 为例，其所提供的核心产品即电子竞技比赛本身，赛事的观赏性是差异化的考量内容。ESL 的许多赛事在举办过程中以剧情演绎的形式进行了整体包装，也有以慈善赛的形式邀请俱乐部和选手参与；每场比赛动用数十名解说员来为观众寻找、切换激动人心的比赛瞬间。

三、品牌价值

曾有人做过一个有趣的测试：采用相同的样品薯片进行盲测，一组为知名品牌产品，一组为不知名品牌产品，人们品尝后往往会更青睐知名品牌产品。

品牌价值从来源上看有两种：对顾客的价值和对公司的价值。前者源于顾客对品牌的体验，后者是财务上的估量，即品牌资产。品牌资产包括以下五大类：品牌认知度、品牌忠诚度、感知质量、品牌联想、其他专有品牌资产。

其中，满意度和感知质量息息相关，一般可以用一个简单的等式来进行描述：

满意度 = 感知质量 − 消费者预期

四、电子竞技品牌战略在新时代的变化

1. 从定位到角色声明

在新的时代，顾客变得越来越强大和共享化，且不再轻易相信企业的垂直信息沟通。驱动型定位是一种由企业所主导的单向路径，在新时代，这样的品牌定位已经有些过时。

取而代之的是品牌新闻学，是一种又称为角色声明的新变革。这个概念是围

绕这样一种基本设想构建的：单一的信息不再能够讲述像麦当劳这样的多维的大品牌故事，即不同地区的不同事物对处于不同情况下的不同群体来说有着不同的需求。

角色声明致力于创造和分配有价值的、中肯的、一贯的内容来吸引顾客，并最终驱动可盈利的顾客进行购买。

如今，在顾客作出关键购买决策的过程中，在线评论、社交媒体和在线论坛逐渐发挥着越来越重要的作用。企业不再强迫顾客给出证词或作出积极推荐，而是采用双方方法：创造实用的或感情上有吸引力的有用内容，并促使顾客自愿地同别人进行分享；提供可以使顾客创造和分享内容的机制，如在社交媒体上设置分享按钮。

在电子竞技市场营销领域，总是能看到电子竞技俱乐部在积极地打造与粉丝群体的交流平台、交流渠道，激发粉丝群体创造和分配有价值的、一贯的内容。俱乐部和选手的各种标签不再单纯是其本身的特征，更是形成了在粉丝群体间互相认同的、传播更广泛的理念。

2. 从差异化到编码

现如今，一个企业应该能够打造一种真实的独特性——不能轻易被其竞争者复制。为了创造真实的独特性，企业应能将其品牌 DNA 的内部化过程延伸到营销部门之外。

品牌 DNA 构成品牌独特的组成部分，应该成为企业所有员工的通用语言，而不仅是在一线跟顾客打交道的员工的语言。事实上，品牌 DNA 应该激活公司从领导力、招募、绩效评估到文化建设的所有重要流程。这就是编码（见表 4–1）。

表 4–1　差异化和编码的比较

差异化	编码
品牌差异化只是营销部门的事	品牌 DNA 贯穿整个组织文化
品牌差异化是营销人员的主导领域	品牌 DNA 被所有员工理解、评判和赋予意义
领导力实践和品牌差异化存在一些矛盾	所有层级的领导都理解品牌 DNA，并在他们自己的行为中加以体现
招募主要由知识、技能和经验所驱动，而不考虑候选人和品牌的适合度	招募时充分考量候选者的行为是否符合品牌 DNA

如今的电子竞技直播 KOL（关键意见领袖），除了在直播间外，在视频网站、粉丝群、线上线下活动中，主播总是在塑造独特的直播风格，这种直播风格通过

编码的形式，影响广大的粉丝群体，贯穿整个组织文化。

3. 从品牌到人格

顾客的购买决策往往经历了 4A 过程：认知（Aware）、态度（Attitude）、行动（Act）和再次行动（Act Again）。在新浪潮时代，顾客决策过程转变为 5A：认知（Aware）、吸引（Appeal）、询问（Ask）、行动（Act）和拥护（Advocate）。

人格化品牌构建的成功要素在于：线上线下结合、利用机器对机器的方法来获得人与人的情感联系。

英雄联盟推出的 KDA 女团虚拟偶像（见图 4–5），每名角色都有详尽的基本资料，从身高到星座，从人物背景到兴趣爱好。这种人格化的虚拟偶像，通过音乐舞蹈的形式，大大拉近了英雄联盟与粉丝群体的距离，建立起英雄角色和召唤师间的紧密联系。

图 4–5　KDA 女团虚拟偶像

学习单元 3　个人品牌塑造与维护

一、电子竞技员个人品牌定位

在塑造电子竞技员的个人品牌之前，首先要对个人品牌进行定位，通过明确、合适的个人定位，打造具有影响力和可持续发展的个人价值标签，从而在个人品牌传播和管理的过程中把握清晰的方向。个人品牌定位的过程也就是电子竞技员建立自我认知的过程和明确自身核心价值的过程。

1. 建立自我认知

自我认知是指对自己的洞察和理解，包括自我观察和自我评价。自我观察是对自己的基本情况、思维和意向等方面的觉察；自我评价是指对自己的想法、期望、行为及人格特征的判断与评估。正确地认识自我，实事求是地评价自我，是电子竞技员进行个人品牌定位的前提。

下面以 5W2H 模型和态势分析法两个工具帮助建立自我认知。

（1）5W2H 模型。电子竞技员在建立自我认知的过程中，可借鉴 5W2H 模型，从而清晰地认识自我、了解自我。

5W2H 模型又叫 5W2H 分析法，也叫七问分析法，利用五个以 W 开头的英语单词和两个以 H 开头的英语单词进行设问，发现解决问题的线索，寻找发明路径，进行设计构思，其最初用于启发新的发明项目，后多用于企业管理和技术活动。该方法简单、方便，易于理解、使用，富有启发意义。5W2H 模型如图 4–6 所示。

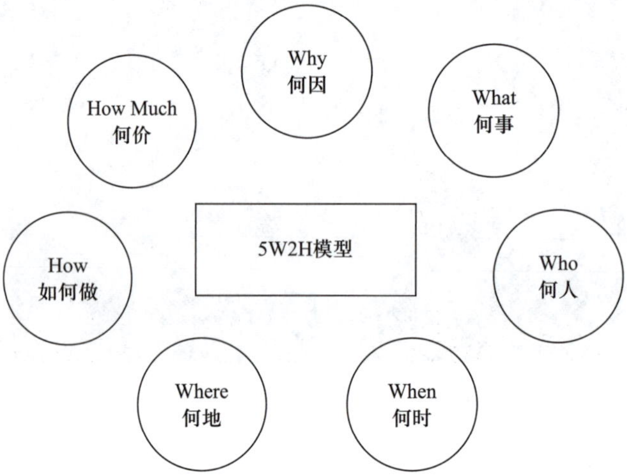

图 4–6　5W2H 模型

1）Who——我是谁，我是一个怎样的人，我了解自己吗，我清楚地了解自己的生理情况吗，我清楚地了解自己的心理情况吗，我有哪些爱好和特长，我了解的和外界对我的印象一致吗等。

2）Why——我为什么要当一名电子竞技员，我最初的动机（初心）是什么，这其中有什么动人的故事吗，我曾经动摇过吗，时至今日我为什么依然要从事电子竞技职业等。

3）What——我现在在做什么，我做的和我预期的一致吗等。

4）When——我现在处于职业生涯的什么阶段，我现在进行到人生的哪一个阶段了，我在这个阶段做这个定位合适吗等。

5）Where——我现在处于什么位置，我效力于哪家电子竞技俱乐部，该俱乐部处于行业什么水平，我的技术能力处于什么水平，我所关联的商务合作处于什么水平等。

6）How——我打算怎么做等。

7）How Much——我想达到何种水平，我的技术能力想达到什么水平，我的商务资源想达到什么水平，我将塑造的个人品牌想达到什么水平等。

在明确了这 7 个方向的问题后，电子竞技员需要在对自我认知的程度上达到以下 3 个方面。

1）能认识到自己的身体特征和生理状况，包括自身年龄、性别、外貌形象、健康程度等方面。

2）认识到自己在集体和社会中的地位及作用，包括自己作为一名电子竞技员的技战术实力、在行业内的水平、在团队中的地位和作用、在社会上的认可程度、自身的公众影响力等方面。

3）认识到内心的心理活动及其特征，包括自身的性格特征、性格优势、性格劣势，这些特征给业务水平带来的优劣影响以及给团队和公众造成的优劣印象等方面。

（2）态势分析法。电子竞技员在对自我有了基本认知后，可以利用态势分析法结合自身需求点与社会需求点，进一步分析自身的内部优势、劣势和外部的机会和威胁等，从而建立起更清晰、更深入的自我认知。

态势分析法也叫 SWOT 分析法（见表 4–2），其中 S（Strengths）代表优势、W（Weaknesses）代表劣势、O（Opportunities）代表机会、T（Threats）代表威胁。运用这种方法，可以对研究对象所处的情景进行全面、系统、准确的研究，从而根据研究结果制定相应的发展战略、计划以及对策等。

表 4–2　态势（SWOT）分析法

SWOT 分析法	积极	消极
内部	S—优势	W—劣势
外部	O—机会	T—威胁

在对自身优势、劣势、机会和威胁 4 个方面情况进行罗列的时候要尽量全面、细致地进行思考，参照表 4–3 进行自问。

表 4-3　SWOT 分析

S—优势 大胆挖掘自身闪光点	我最擅长什么、我在哪些方面做得比较好、有哪些比较突出的技能
	我在做什么事时最专注
	我有什么样的兴趣和爱好
	我可以从哪些事情上找到成就感
	我平时在哪些活动上投入最多时间
	生活中我收到最多的赞美是什么
	在团队训练中我收到最多的赞美是什么
	我有哪些特殊的资源
	我认为我最大的优点是什么、我喜欢自己身上的哪些特质
	我有哪些令自己或亲友骄傲的成就
	我有哪些值得称赞的习惯
W—劣势 严厉地审视自我	我讨厌自己身上哪些缺点
	我最不擅长的活动是什么
	我最讨厌做的事情是什么
	我做哪些事会感到压力
	我觉得自己当下最需要改进哪些地方
	生活中我接受过哪些批评、我对此评价的感受如何
	团队训练中我接受过哪些批评、我对此评价的感受如何
O—机会 从外部环境出发	当下电子竞技行业发展前景如何
	我的技战术能力是否有竞争力
	3 年后我将会如何，5 年后呢
	政策和环境上有哪些对我有利的因素
	我身上有哪些其他运动员不具备的优点
T—威胁 从外部环境出发	外部环境有哪些对我不利的因素
	3 年后我将会如何，5 年后呢
	有哪些即使我不断提升和改进仍无法改变的环境因素
	我的经验和技能是否会过时
	电子竞技行业中有哪些阻碍我个人发展的因素

下面以一名虚拟电子竞技员为例，进行简单画像并展开 SWOT 分析。

假设现在有一名日本籍英雄联盟电子竞技员 X 到中国发展，该选手为男性，20 岁，身高 179.5 厘米，体型中等，容貌清秀，初中肄业。X 性格内向，容易冲动，嗜好赌马，曾在上学期间多次与人发生冲突，家庭关系良好，在家乡有一名青梅竹马的女友。X 作息健康，每天晨跑一小时以上，右手患有腱鞘炎，身体其他各项指标基本正常。X 喜好音乐、武术和围棋，掌握日语、西班牙语、法语和英语，正在学习中文和俄语。X 接触英雄联盟不到一年就被职业经理人选中，在 X 14 岁和 15 岁时因其在某射击类项目中表现优异，也曾受到数家电子竞技俱乐部的邀请，但因各种缘由均被 X 拒绝。

X 的 SWOT 分析见表 4–4。

表 4–4　X 的 SWOT 分析

SWOT	积极	消极
内部	S—优势 1. 天赋异禀，能力综合、多维，拥有多个电子竞技项目经验 2. 外形具有优势 3. 具有语言天赋，掌握 4 门语言 4. 训练勤奋刻苦 5. 对队内各项安排积极性高 6. 兴趣爱好广泛，围棋水平较高 7. 作息健康，爱锻炼	W—劣势 1. 文化水平不高 2. 性格容易冲动 3. 没有完全融入队内环境 4. 参赛经验不足 5. 有赌博的不良嗜好 6. 曾多次参与打架斗殴 7. 沟通障碍，不会说中文 8. 手有伤病
外部	O—机会 1. 电子竞技行业高速发展，全球电子竞技用户规模不断增长 2. 中国电子竞技行业的政策扶持与引导，国家和各地方政府出台一系列政策文件促进游戏、电子竞技等新业态发展 3. 英雄联盟属于电子竞技头部项目，赛事体系完善，社会关注度高 4. 日籍运动员身份，增强中日友好交流	T—威胁 1. 接触英雄联盟项目较晚，天才少年人才辈出 2. 同位置竞争压力较大 3. 中日文化习俗和地理环境存在差异

2. 明确核心价值

电子竞技员有运动员和明星的双重身份，在个人品质上普遍具有坚持、努力、聪慧、勇于拼搏等优点，以及“天才”或“天赋”等标签，然而，电子竞技员的黄金时期较为短暂，如何在有限的时间里打造鲜明的个人形象，需要电子竞技员提炼出个人独特的核心价值，在塑造个人品牌的过程中有方向、有针对性地强化个人形象。

电子竞技员其核心价值的基础是竞赛成绩，对所有在役的运动员而言，实力就是电子竞技员的生命力，攀至顶峰又昙花一现的电子竞技员数不胜数，只有不断提高技战术能力，才能保证长远的曝光度与关注度。

除了技战术方面的表现，电子竞技员的核心价值还可以是个人风格、职业价值、情感价值等。例如，前魔兽争霸Ⅲ电子竞技员李晓峰（ID：SKY）的个人标签是“中国电子竞技第一人”。21世纪初，中国电子竞技尚在萌芽期，李晓峰作为中国首批电子竞技人的代表，背负着家庭和社会的质疑，凭着一腔热血在极其艰苦的环境中获得2005年、2006年世界总决赛冠军。退役后，李晓峰继续在电子竞技行业为热爱拼搏，开办电子竞技培训班、运营电子竞技俱乐部、创业开公司等。李晓峰身上的核心价值是作为开拓者的艰苦奋斗、坚韧执着。

电子竞技员在利用5W2H模型进行自我发问时，可以在问题中找到自己的核心价值。例如，在提出“Why——为什么”这个方向的问题中，电子竞技员在发问时要注意是否有可以挖掘的故事点，标签是扁平化、碎片化的，但标签背后的故事却是丰满的、可持续的。在询问“我为什么要当一名电子竞技运动员、我最初的动机（初心）是什么、我曾经动摇过吗、时至今日我为什么依然要从事电子竞技职业”等问题中，可以深入思考：这其中有什么动人的故事吗，故事中能挖掘出独特的核心价值吗。

例如，英雄联盟电子竞技员陈泽彬（ID：Bin）在英雄联盟S10世界总决赛期间，他和父亲的动人故事被各类渠道反复曝光。

相关链接

陈泽彬的故事

陈泽彬，男，英雄联盟上单选手，2002年9月28日出生于湖北黄冈一个普通家庭。在这个以盛产“学霸”闻名的小城里，陈泽彬的父母对于儿子酷爱游戏这件事，处理方式显得与众不同。区别于其他父母在网吧门口严防死守，陈泽彬的父亲秉承着堵不如疏的理念，时常带儿子一起去网吧开黑，在对线劣势的时候还经常让陈泽彬帮他救火。

“放他一个人出去，有可能一天一夜看不见人，我陪他一起玩，玩半天必须回来。就这样我陪他一起去网吧玩。”

在陈泽彬的母亲眼里，儿子从小是一个乖巧、胆小、爱看动画片、十分富有童心的孩子，家里挂满了儿子的奖状。对于陈泽彬父子在电子竞技与学业上的选择，她展现了温情与包容：“陈泽彬的爸爸觉得读书不是孩子唯一的出路，他自己喜欢什么就让他去干吧……”

在纪录片《N 是谁？》中，短短 8 分钟的采访，父亲的信任、母亲的关爱、老师的支持让无数观众羡慕。陈泽彬无疑是幸运的，不同于其他选手在职业道路上遇到或多或少的阻碍，陈泽彬的电子竞技之路一直在亲友、老师的鼎力支持下前行。

随着纪录片在英雄联盟 S10 赛事期间的播放和陈泽彬越发亮眼的表现，他的曝光量大幅增长，在晋级 4 强的赛后采访中，陈泽彬对着镜头和父亲说的：“儿子没让你失望吧”让无数粉丝“把泪目打在公屏上”。在 S10 全球总决赛之夜，陈泽彬在选英雄时亮选蛮王长达 15 秒致敬父亲，更是让无数观众动容（见图 4–7）。

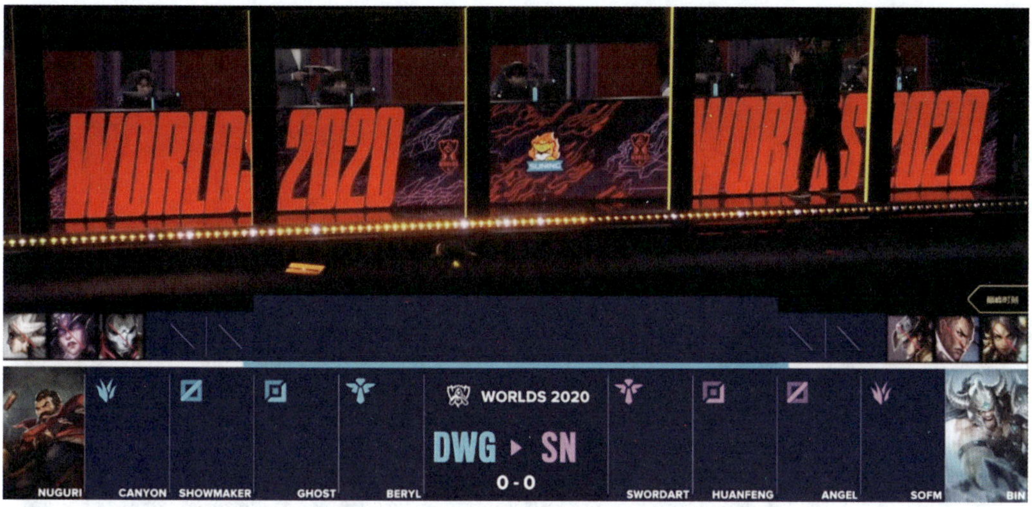

图 4–7　陈泽彬亮选蛮王致敬父亲

情感价值是陈泽彬的核心价值，向受众传达了父子亲情，父子并肩共同竞技的形象是鲜活且极具传播效应的。在大众被少年阿彬和父亲的情感打动背后，是几代中国人关于亲子关系和教育理念的讨论，是游戏竞技与家庭关系的新的融合点。

二、电子竞技员个人品牌传播

1. 电子竞技员个人品牌传播特性

（1）曝光具有明显的周期性。电子竞技员与明星不同，在大众媒体前的正面曝光一般不是自身主动发起的，而是由参加比赛项目，或者因赛事成绩带来的相关商业活动，具有明显的周期性。竞技成绩是电子竞技员核心价值的集中体现，也是粉丝关注的核心点。因此，电子竞技员曝光周期与项目的赛事周期密切相关。例如，2018 年 8 月 29 日雅加达亚运会英雄联盟总决赛，由简自豪（ID：Uzi）、苏汉伟（ID：Xiye）、严君泽（ID：Letme）、史森明（ID：Ming）、刘世宇（ID：Mlxg）、田野（ID：Meiko）组成的中国团队 3 比 1 战胜劲敌韩国团队夺得金牌，被国内大量媒体争相报道，引发全民关注。随后，简自豪在英雄联盟 S8 全球总决赛赛事期间曝光量再次大幅增长，微博热点一周内保持前十。

根据周期性这一特点，电子竞技员围绕大型赛事制造话题，渲染个人品牌价值，是提高品牌知名度最直接有力的方式。陈泽彬与父亲独特故事的《N 是谁？》（见图 4–8）就是苏宁电子竞技俱乐部在英雄联盟 S10 世界总决赛期间推出宣传选手的系列纪录片，展现了俱乐部所属的 5 位电子竞技员在电子竞技道路上的成长经历和独特故事。

图 4–8　S10 选手纪录片《N 是谁？》

（2）资源具有单一性。电子竞技项目虽然众多，但各项目之间的流通性较少，即使是同属于一种大类的电子竞技项目，也极少出现选手互通的现象。再加上第三方综合赛事逐渐减少，电子竞技头部赛事主要以第一方赛事为主，竞技项目单一，不同项目间的运动员交流渠道减少，因此电子竞技员在社交资源上比较单一。

当下，电子竞技员参与的电子竞技商业活动品类也较为单一，一般为两大类：游戏科技相关品牌和赛事赞助商品牌。大多数电子竞技员的商业广告都围绕着前者展开，如电子竞技桌椅代言，键盘、鼠标、耳机等外设代言，游戏代言，参加电子竞技相关影视综艺活动等。赛事赞助品牌则在大型赛事举办前后，选择当前赛季的头部运动员或俱乐部进行商业合作。如 2018 年英雄联盟全球总决赛期间，伊利谷粒多和梅赛德斯 - 奔驰都选择与 RNG 电子竞技俱乐部展开一系列商业合作；2019 年英雄联盟全球总决赛期间，OPPO 与 FPX 电子竞技俱乐部展开合作等。

在英雄联盟 S8 全球总决赛上，共出现了 50 家赞助商（见图 4–9），覆盖所有赛区。赞助商品类涵盖食品、电子硬件、服饰、保险、金融、网咖、影视、视频、电子竞技经纪等多个领域，所属行业多元，资本渗透范围广。因此，大型电子竞技赛事的赞助商是电子竞技员和所属俱乐部拓宽商业资源的重点。

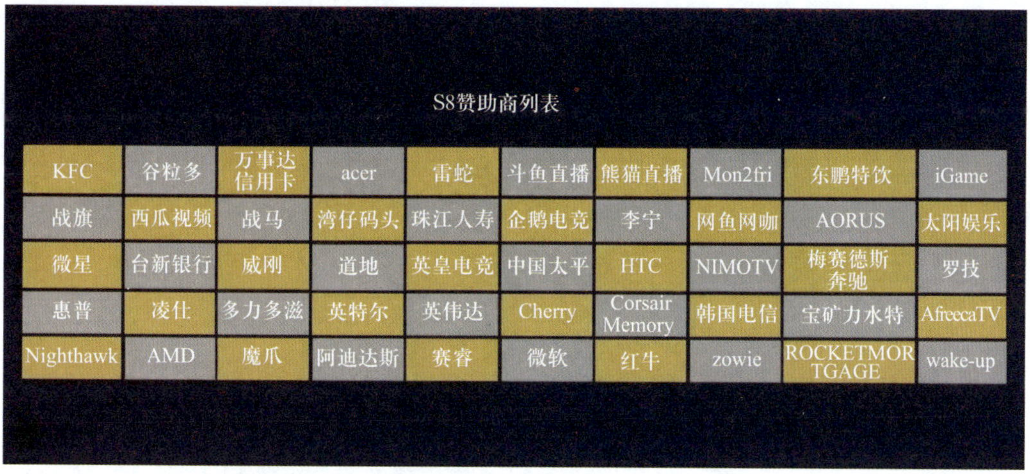
S8赞助商列表

KFC	谷粒多	万事达信用卡	acer	雷蛇	斗鱼直播	熊猫直播	Mon2fri	东鹏特饮	iGame
战旗	西瓜视频	战马	湾仔码头	珠江人寿	企鹅电竞	李宁	网鱼网咖	AORUS	太阳娱乐
微星	台新银行	威刚	道地	英皇电竞	中国太平	HTC	NIMOTV	梅赛德斯奔驰	罗技
惠普	凌仕	多力多滋	英特尔	英伟达	Cherry	Corsair Memory	韩国电信	宝矿力水特	AfreecaTV
Nighthawk	AMD	魔爪	阿迪达斯	赛睿	微软	红牛	zowie	ROCKETMOR TGAGE	wake-up

图 4–9 英雄联盟 S8 全球总决赛赞助商列表

2. 电子竞技员个人品牌传播要点

（1）树立积极正面的社会形象。电子竞技员不仅拥有其所属的体育价值，在国际性赛事中为国家获得荣誉，还具有经济、文化、商业和社会各方面价值，一批又一批电子竞技员推进了电子竞技行业的发展，创造经济价值，促进文化交流和传播，提升社会道德。电子竞技员在个人品牌的传播过程中，要注意可持续发展，传播积极正面的社会形象，只有具备知名度和美誉度的个人品牌才能拥有持久生命力。良好的社会声誉能够提升电子竞技员个人品牌的价值，直接提升其商业价值、扩大社会影响力；反之则会毁掉个人品牌价值，并且会造成一系列的不良影响。

对于电子竞技员而言，提升个人声誉最直接的方式是不断提升其赛事成绩。然而，电子竞技赛场竞争激烈且残酷，鲜有电子竞技员能长期稳定保持一流成绩。

因此，电子竞技员可以通过参与一些公益性质的社会活动和社会服务，树立良好的个人形象，让媒体的宣传报道来增加个人品牌的亲和力和美誉度。

例如，王柳羿（ID：Baolan）、田野（ID：Meiko）、苏汉伟（ID：Xiye）、石伟豪（ID：Amazing J）等运动员参与了共青团中央宣传部组织的“中国青年好网民”演讲活动（见图 4–10），向广大青年传递电子竞技正能量，彰显出电子竞技员不仅伴随着年轻人的成长，为他们的生活带来了游戏与竞技的乐趣，也不断通过电子竞技赛事、公益活动等向更多人传递积极、向上的精神与态度。

图 4–10 “中国青年好网民”演讲活动

喻文波（ID：JackeyLove）、王柳羿（ID：Baolan）曾作为“下路双人组”参与由上海市文明办、徐汇区文明委、腾讯企鹅号联合拍摄的“暖暖志愿”系列公益短片《海豚的声音》，为自闭症儿童送上温暖，如图 4–11 所示。

2019 年上海 EDG.M 电子竞技俱乐部队员们积极响应上海市政府垃圾分类号召，自发创作垃圾分类主题视频，后又参与上海市节能协会指导的上海市节能宣传周“绿色低碳，节能先行”等主题活动，积极响应节能低碳绿色生活，带动更多青少年关注环保，如图 4–12 所示。

图 4-11 公益短片《海豚的声音》片段画面

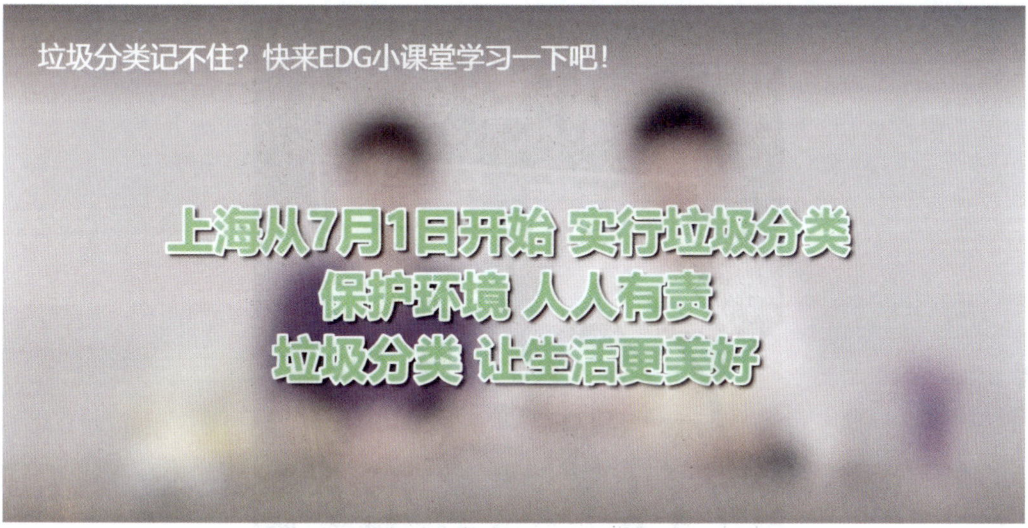

图 4-12 垃圾分类主题视频

2020 年，英雄联盟运动员严君泽（ID：Letme）、刘志豪（ID：Zz1tai）、刘世宇（ID：Mlxg）、万坤（ID：Mint）以及王者荣耀运动员朱思远（ID：伪装）、陶传凯（ID：初晨）、袁俊（ID：柠栀）参与由上海共青团、上海青年志愿者协会主办的“青春的热血”电子竞技抗疫公益赛。他们与来自机场、轨交、医院、银行、高校等行业积极参与战疫志愿服务的青年志愿者直播对战，直播间里一时间被“为青年志愿者点赞”的弹幕刷到满屏（见图 4-13），超千万电子竞技玩家为战疫志愿者点赞。公益赛直播期间（见图 4-14）的礼物、打赏金共计 26 000 余元全部捐赠到上海市青少年发展基金会，用于支持“青春战疫 希望同行”项目。

图 4-13 “青春的热血”电子竞技抗疫公益直播画面

图 4-14 “青春的热血”电子竞技抗疫公益赛

高天亮（ID：Tian）、林炜翔（ID：LWX）、左名豪（ID：LvMao）、史森明（ID：Ming）、刘世宇（ID：Mlxg）、李炫君（ID：Flandre）、卓定（ID：Knight）等电子竞技员参与青春抗“疫”短视频录制，如图 4-15 所示。

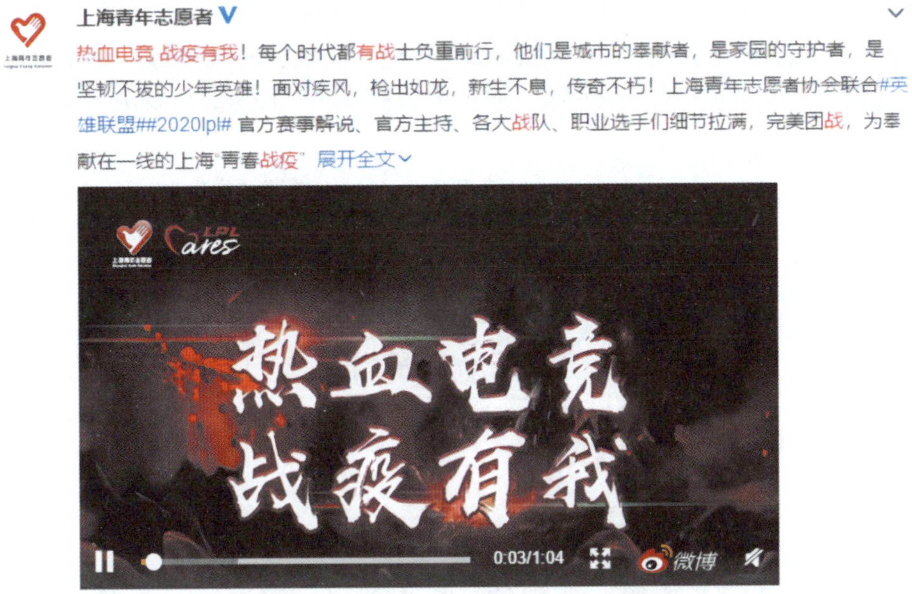

图 4-15 《热血电子竞技 战疫有我》公益宣传视频

电子竞技员参与各类公益活动，以自身流量带来的热度传递“奉献、友爱、互助、进步”的志愿精神，用当代青少年喜闻乐见的形式弘扬新时代价值观，传播社会正能量。在激励鼓舞广大青少年的同时，传达了“团结协作”“奋勇拼搏”“艰苦奋斗”“勇攀高峰”的电子竞技体育精神。

（2）聚焦热点事件。电子竞技员在个人品牌传播的过程中，要善于利用社会广泛关注的热点事件、热点活动、节假日等契机展开创意策划，借助事件的热点性、关注力，搭乘事件快车进行传播推广。主要的策略有事件策划、主题活动。

1）事件策划指的是品牌方根据一定的主题，有计划地策划和开展有特定目的和内容的社会活动。这类活动牵涉面广，影响重大，能够引起公众的广泛注意和兴趣。事件策划是一种常见的与公众沟通的手段，通过创造与公众直接接触的机会，能隐蔽地传递有关品牌形象的信息，获得公众的认知度和美誉度。

当下，这类大型活动事件的策划主要由电子竞技项目版权方、直播平台等电子竞技相关资本进行运作，通常具有一定的公益性质，但电子竞技员一般能力较小，可以通过参加活动的方式参与事件。

例如，“99 公益日”是由腾讯公益联合数百家公益组织、知名企业、明星名人、顶级创意传播机构共同发起的一年一度大型公益活动。通过移动互联网化、社交化等创新手段，用轻松互动的形式，发动全国数亿热爱公益的网民通过小额现金捐赠、步数捐赠、声音捐赠等行为，以轻量、便捷的方式参与公益。2018 年，李晓峰（ID：Sky）、魏汉冬（ID：Caomei）等电子竞技员通过参与“爱心包裹 1 对 1”公益活动（见图 4-16），将公益直播中用户打赏的礼物捐赠给贫困山区儿童。

图 4-16 “爱心包裹 1 对 1”公益活动

2）主题活动。相较于行业资本的大手笔投资，主题活动谋求的是以小博大。所谓主题活动指的是在主题指导下，开展各种活动，借机推广电子竞技员个人品牌形象，如重大纪念日、节假日、运动员生日等都是宣传个人品牌的良好途径，指向性十分明确。

例如，王者荣耀耀神、婷小姐等电子竞技主播曾在母亲节、中秋节邀请自己父母开黑，如图 4-17 所示。

图 4-17 电子竞技主播在传统节日与父亲一同竞技

2021 年春季期间，王者荣耀电子竞技员王添龙（ID：Alan）、汤连杰（ID：汤汤）、汤佳杰（ID：笑影）、王庆（ID：尘夏）、李加乐（ID：762）、陶传凯（ID：初晨）、袁俊（ID：柠栀）以及电子竞技解说员林杭（ID：望月草）带自己的父母在南京 Hero 久竞电子竞技中心录制《我和爸妈打王者》，8 个家庭、两代人一同体验电子竞技文化，如图 4–18 所示。

图 4–18 《我和爸妈打王者》

在上述案例中，无论是父亲节、中秋节还是春节，活动都围绕着“亲人团圆”的情感核心，电子竞技所呈现的不再是过去作为“电子鸦片”的负面形象，而是父母与子女的情感纽带，在新的时代背景下，游戏这种新的社交方式拉近了两代人的认知距离。

主题活动的成功与否在于如何将个人形象巧妙地贴牌事件，实现电子竞技员自身个性与热点事件的恰当契合，从而借用事件的影响力推广自身品牌。这取决于所发生的热点事件与运动员个性之间的关联度是否紧密，两者之间的联系越紧密，受众的记忆联想度就越高，电子竞技员的个人形象越会随着热点事件深入人心。

此外，热点事件、热点活动具有较强的时效性，可能在某段时间内引起轰动效应，但是随着时间的推移，会逐步淡出受众视野，被新的事件取代。因此，时效性是开展活动的生命力保障，必须把握时机。同时，在热点事件、热点活动的选择上需要有敏锐的商业意识，能在众多的活动事件中判断出适合自身推广需要的事件。

学习单元 4　职业选手品牌规划与发展

传播学创新与扩散理论认为：一件新事物的推广就是一个创新与扩散的过程，推广的四个阶段依次为知晓、比较、决策、评估。

对于电子竞技员而言，个人品牌的传播过程也是一个创新与扩散的过程。在知晓环节，受众开始知道新的电子竞技员的出现，并初步了解到该名运动员的相关成绩和状态；在比较环节，受众将其与以往运动员或同批新生运动员进行对比；在决策环节，受众通过比较，清晰地判断出该名运动员的价值点，作出采纳或拒绝的决定；最后一个环节是评估，评估是对行为的一种态度。下面根据个人品牌的 4 个阶段对电子竞技员的品牌规划与发展进行简要介绍。

一、个人品牌建立初期

在品牌建立的初期，电子竞技员刚刚出道，一般位于次级联赛队伍，基本不具备社会影响力，庞大的粉丝群体还在孵化、培植中。所以，这个时期的传播任务就是提高知名度，被受众认知。

这一阶段电子竞技员需要建立起明确的认知，了解自身的优势、劣势、机遇与挑战，通过自身过硬的技术水平获得受众的认可。这一时期发展的重心是形成个人品牌认知。

二、个人品牌知晓阶段

在这一阶段，电子竞技员已经有了一定知名度，初步拥有相对稳定的粉丝群体。这一阶段发展的重心是扩大粉丝群体，提升个人品牌形象。对受众而言，他们会将该电子竞技员与其他电子竞技员进行比较，尤其会与所在项目同一司职的电子竞技员进行比较，形成记忆联想。

这一阶段电子竞技员比较适宜采取全面展开式营销战略，通过媒体矩阵长时间反复曝光，抓住黄金营销时期——赛事期，制造良性话题，促进受众完成从观众到粉丝的转化。

三、个人品牌美誉阶段

在这一阶段，电子竞技员已经有一定数量的粉丝群体，并且有部分粉丝完成了与之相关的消费行为。在这个阶段，电子竞技员已经被所在项目的受众普遍认知，在他们心中建立了该运动员的个人形象，但这个形象随时会被其他运动员取代。所以，这个阶段的重心在于体现该运动员的核心价值和独特价值，通过各类营销手段引导大众对该运动员进行差异化感知，通过参加公益性的活动和发布软文通稿，结合媒体矩阵的广告战术不断提升个人品牌的美誉度。

四、个人品牌忠诚阶段

忠诚阶段是个人品牌传播的最高阶段，在这一层次上的电子竞技员已经被牢牢扎根在电子竞技受众群体的心目中，具有专属性和排他性。在这个阶段，电子竞技员已经成为该项目的代表性人物，拥有相当数量的粉丝群体。对于忠诚粉丝而言，他们对该运动员形成了强烈的依赖心理，关注该运动员已经成为生活的一部分，会自发地对其进行宣传和推广，形成裂变效应。

在这一阶段，电子竞技员最大的对手就是自己，如何对个人品牌进行维护管理，如何延伸自我核心价值、不断创造新鲜感，是这个时期的战略重点。

无论在上述哪个阶段，对于所有在役的电子竞技员而言，只有竞技成绩才是一切的根基，没有成绩的花式营销只是镜花水月。在电子竞技的赛场上，无数天才电子竞技员登上顶峰后又迅速跌落神坛。只有保持初心、保持竞技状态，才能将个人品牌长久地发展下去。

课后练习

1. 电子竞技赛事是如何塑造品牌差异化的，请以所熟知的电子竞技赛事为例展开分析。

2. 梳理电子竞技俱乐部专门打造的与粉丝群体的交流平台、交流渠道，并分析是如何运作的。

培训课程 2 商业活动表演

学习单元 1　电子竞技活动表演基础

一、电子竞技活动的定义

电子竞技活动是指以电子竞技赛事为核心而举办的表演活动，具备文化属性和商业属性。较为主流的电子竞技活动大到既有职业电子竞技联赛、电子竞技杯赛等职业性质的电子竞技赛事活动，也有和高校、地方政府合作举办的电子竞技赛事活动，如高校电子竞技联赛、各省市级电子竞技赛事；小到企业赞助的小型电子竞技活动等。各种类、各项目电子竞技活动的举办，满足了人民群众更高层次的精神文化需求，是电子竞技产业生态发展的重要基石和路径，是振兴地方经济新的拉动力量。

二、电子竞技活动的特点

1. 观赏性

电子竞技活动的观赏性既来自电子竞技赛事自身的竞技性、精彩场景和热烈的文化氛围，也来自多种媒体设备打造出的奇特的感官体验。电子竞技赛事观赏性根植于电子竞技项目本身的感知乐趣，根植于其作为一种体育表演活动的对抗、操作、博弈的魅力，根植于赛事解说表演烘托出的热烈的竞技氛围。

电子竞技项目的感知乐趣，是指在参与竞争的虚拟世界中所感知到的快乐，即体验前所未有的刺激性活动而产生的感官快乐、审美体验和兴奋感等。电子竞技依托网络和新型媒介构建的虚拟世界，提供视觉、听觉和交互的奇观式体验，让观众也能够通过观看电子竞技赛事体验电子竞技世界的感知性乐趣。

在大型职业电子竞技比赛中，电子竞技员的高水平竞技操作与战术博弈能够为观众提供精彩的电子竞技赛事场面。例如，在英雄联盟 S8 半决赛中，第三小局 21 分 13 秒，IG 战队的 The Shy 在装备处于劣势的情况下，通过全面分析战场的局势，在双方交换完第一波技能后迅速切入 G2 战队阵地，并使用 Q+E 技能天神下凡一锤四，不仅击飞敌人，还造成大量伤害，并成功配合队友击杀对方三人（见图 4-19）。许多观众对这一场景记忆犹新。

图 4-19　The Shy 天神下凡名场面

电子竞技赛事解说不仅可以为观众解释博弈背后的逻辑和细节，帮助观众更好地理解和体验赛事内容，还能够烘托出紧张刺激的竞技氛围，大大提高了电子竞技赛事的观赏性。例如，解说王多多在英雄联盟 S8 全球总决赛上激动地说出"剑气纵横三万里，一剑光寒十九洲"，形容不被看好的 IG 战队当时表现出出乎意料的破竹之势。

电子竞技活动的观赏性也来自多种场景技术营造的视听盛宴。越来越精进的舞台技术本身具有超强的美感，为电子竞技赛事增加了更多的观赏性。例如，2019 年王者荣耀 KPL 总决赛加入了冰屏设备，打造出绚丽的视觉效果和电子竞技氛围，让观众全方位沉浸在热烈的电子竞技环境中，舞台的美轮美奂为观众带来更加具有观赏性的视听效果（见图 4-20）。

观赏性是电子竞技活动乃至电子竞技产业最重要和关键的目标之一。智力的博弈产生竞技性场面，同时这种高超的智力对抗与操作在电子竞技这一形式中，以非常丰富的视听手段被观众体验。

图 4-20　2019 年王者荣耀 KPL 总决赛现场冰屏

2. 娱乐性——获客基本点

娱乐性与当下的社会需求密不可分。电子竞技项目的基本特征就包括了精神的愉悦与享受。娱乐性也是电子竞技运动项目、电子竞技活动持续发展的动力因素。

电子竞技活动的娱乐性主要来自以娱乐大众为出发点的电子竞技活动或电子竞技赛事的娱乐环节。

以娱乐大众为出发点的电子竞技活动，竞技性并非其最需要突出的特点，娱乐性和大众性才是这一类电子竞技活动的首要目的。娱乐性的电子竞技活动在当下较为典型的如电子竞技明星表演赛事。2020 年英雄联盟九周年盛典的明星表演赛（见图 4-21），邀请了娱乐圈顶级的两位明星作为参赛选手上场进行竞技表演，不仅吸引了许多自有粉丝群体的关注，还吸引了大量好奇围观的“路人”的关注并展开了热烈的讨论。这些粉丝或“路人”群体中有许多人并不了解电子竞技和电子竞技项目，但通过明星和这类活动的娱乐效应，纷纷投入电子竞技的文化辐射圈内。娱乐性、大众性这一特点让更多的新用户进入到电子竞技文化圈层中。

无论是小型的商业电子竞技活动还是大型的世界性电子竞技赛事，都配合着与电子竞技文化相关的娱乐性表演：有明星艺人的唱跳节目，有专业 cosplay 舞者表演，甚至有艺术与科技结晶——虚拟偶像的精彩奇观。这种类型的电子竞技活动依然是以严肃的竞技赛事为核心，娱乐性质的文化表演节目为辅助制作的电子竞技活动，与单纯的以娱乐性、大众性为核心创作的电子竞技活动在组织形式、赛事目的、盈利方式、运营方式等方面有较大差别。英雄联盟 S10 总决赛前的 KDA 女团灯光舞蹈秀（见图 4-22），不仅托生于电子竞技项目，还乘着当下最受欢迎的主流娱乐项目的东风，打造出电子竞技项目相关的文化品牌，拥有较高的讨论热度，获得了很多年轻观众的喜爱。

图 4-21　2020 英雄联盟九周年盛典明星表演赛预告

图 4-22　S10 总决赛 KDA 女团表演现场

3. 互动性——促活动力

互动性是新媒体、“互联网 +”时代最根本的媒介特点，受众可转变为创作者的角色，其活跃度将随着自主权的提高而增加。电子竞技以互联网与新兴媒体为基础，自身具有互动性，强调交互行为，也以交互为核心内容。电子竞技活动同样受到媒介特性的影响，具有一定的互动性。

电子竞技活动的互动方式主要分为直接参与活动和间接参与活动。

直接参与活动即观众可以亲身参与电子竞技赛事或商业活动，如各大直播平台官方举办的水友赛、主播举办的粉丝水友赛，普通的电子竞技玩家与职业或半职业电子竞技员直接互动，参与比赛。参加水友赛的人群主要有两种，一种是电子竞技项目的忠实受众，另一种是职业电子竞技员的粉丝，这两种人群都是电子竞技较为核心的受众。

间接参与活动是指参与电子竞技活动或赛事的讨论、竞猜等官方组织的赛事互动环节。间接参与是当下最普遍的交互方式，主要有基于赛事直播平台的交流模式，如弹幕、评论区评论、实时投票等。大型职业赛事在线上频道专门设置了弹幕助威区，以供观众在线上为队伍提振士气，与对方观众粉丝进行“声量”的比拼。在英雄联盟 S11 半决赛中，观众对于 T1 战队的呼声远远高于 DK 战队，观众通过弹幕对抗的方式来表达对队伍的支持，如图 4–23 所示。

图 4–23　T1 战队 vs DK 战队弹幕对抗

电子竞技活动互动环节吸引的群体更多是电子竞技较为核心的受众，通过更多新的互动形式来维持已有核心用户的黏性，促进用户活力，提高话题热度，同时能够让更多的新用户进入电子竞技文化圈层中。互动性是电子竞技活动提高用户忠诚和黏性的重要手段。

4. 推广性

电子竞技赛事、商业活动所拥有的大量受众使其具备良好的推广和宣传基础。现阶段，赞助商的赞助是电子竞技赛事或活动最主要的收入来源和启动资金。电子竞技活动或赛事的推广性是其能够成功举办的重要物质保证。

电子竞技赛事活动的推广营销合作模式主要有曝光合作、产品合作、场景合作。曝光合作是在大型职业赛事中非常常见的合作办法，赞助方通过赞助、冠名、植入广告等形式参与到电子竞技赛事活动中，如每年英雄联盟的 S 系列赛事有大量的广告主赞助；产品合作模式是赞助方借助电子竞技活动 IP 的影响力推出的联名或定制产品，如王者荣耀 KPL 在推出马超 FMVP 皮肤后组织的马超“五虎起飞”皮肤表演赛；场景合作为赞助方在线下为赛事活动提供电子竞技主题空间，通过电子竞技活动辐射到用户，如房地产开发商举办的线下楼盘电子竞技商业比赛。

不同的推广营销模式有不同的推广目标，与电子竞技活动合作的营销推广主要有三种目标，分别为提升品牌知名度、打造年轻化的品牌形象和增强品牌忠诚度。

品牌知名度是指消费者对于某一品牌的识别能力，识别能力越高其知名度越高。电子竞技活动的推广性作用就体现在可以提高品牌知名度、识别度方面。例如，傲风电子竞技椅赞助英雄联盟 S 赛的营销方案，帮助傲风大大提高了其知名度和曝光率，让更多的用户知晓傲风是一个与电子竞技相关的电子竞技椅品牌，且在购买电子竞技椅时有更大的概率考虑傲风这一品牌。

品牌形象是指品牌在消费者心中所表现出的个性特征，表现形式是消费者对品牌的评价与认知。电子竞技赛事和活动的受众大部分年龄较小，相对其他体育活动的受众更年轻化，迎合电子竞技赛事活动受众的偏好，建立年轻用户与群体和品牌之间的情感联系，能够帮助品牌实现更加年轻化的品牌形象。例如，梅赛德斯－奔驰连续四年赞助英雄联盟 S 赛，就是为了其运动款车型更好地与年轻群体建立紧密的情感联系，将品牌打造得更加年轻化，拓展产品在年轻群体中的销量。

品牌忠诚度反映的是顾客、消费者及其他利益相关者对品牌的忠诚程度，衡量指标包括顾客维持率、重复购买率等。品牌忠诚度的提高对于快消品类的品牌来说更加重要，因快消品品类消费周期短、复购率高、单价和用户黏性都比较低，赞助电子竞技活动能在年轻用户中强化品牌记忆，稳固并扩大市场地位。例如，饮品的赞助在英雄联盟S赛中排在第四的高位，一方面饮品能够很好地结合活动现场内容，方便品牌呈现；另一方面，在观看电子竞技活动时，用户的饮品需求量非常大，为品牌主创造了大量的消费空间与机会，提高其在品类中的竞争力。

学习单元2　电子竞技活动观众需求分析

一、电子竞技活动观众用户画像

截至2022年年底，我国电子竞技用户的年龄主要分布在22～24岁，占26%，30岁以下用户占总用户的80.2%，35岁以上用户只占9.4%。从数据中看出，我国的电子竞技用户主要以年轻人居多，年轻是电子竞技用户最重要的特征，如图4–24所示。

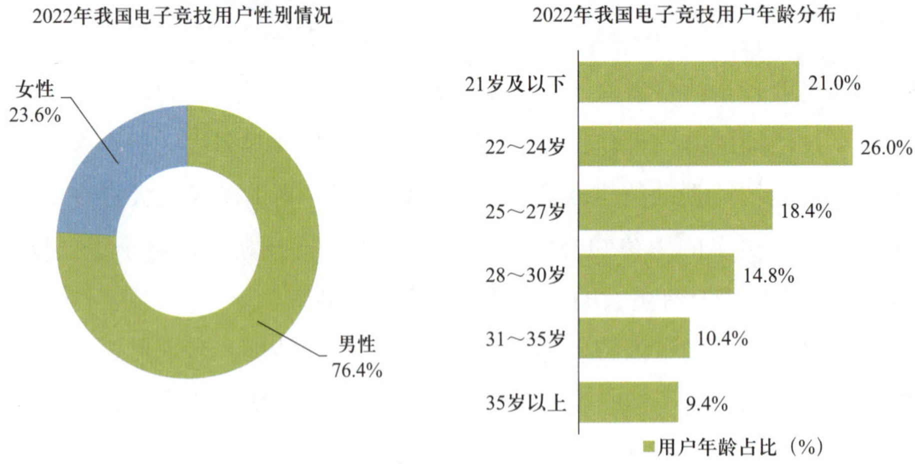

图4–24　电子竞技用户年龄分布与性别分析

我国电子竞技用户中，男性占比76.4%，但是对于个别的电子竞技项目而言，女性用户也可能占比50%以上。

我国电子竞技用户个人收入以6 001～8 000元居多，占比23.6%，个人月消费水平集中在 3 001～5 000 元，占比 28.9%，消费在 3 000 元以上的用户占比 54.8%。电子竞技用户月收入水平中位数的也在 6 001～8 000 元。相较于我国居民 2022 年人均一季度支出 2 131 元，我国电子竞技用户个人月消费水平高于居民整体消费水平，市场前景较为乐观，如图 4–25 所示。

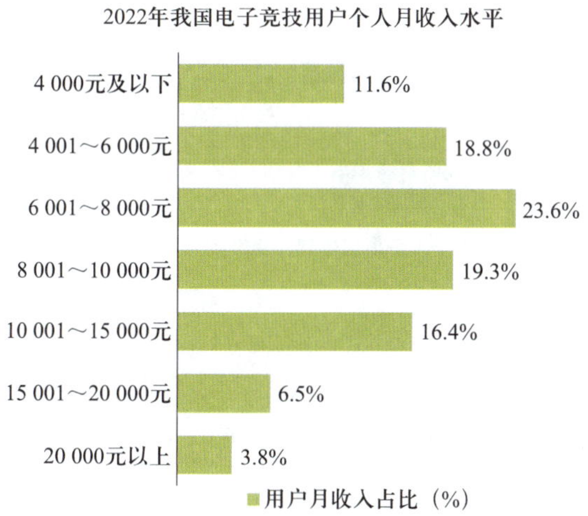

图 4–25 2022 年我国电子竞技用户个人月收入水平和个人月消费水平情况

我国电子竞技用户更加偏好 MOBA 类项目与射击类项目，如图 4–26 所示。

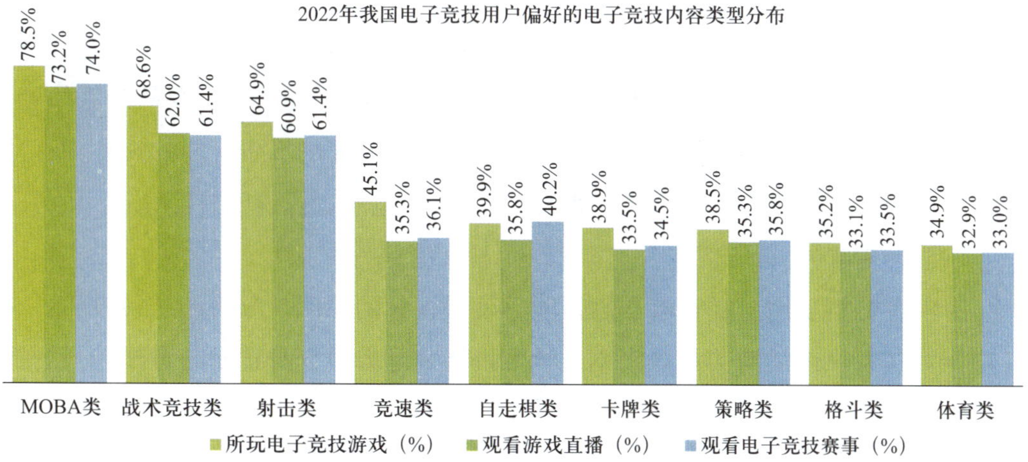

图 4–26 电子竞技用户偏好电子竞技内容情况分布

截至 2021 年年底，我国拥有 1.27 亿 25 岁以下的年轻电子竞技用户，他们更倾向在社交环境下传播电子竞技相关内容，会受到喜欢的主播、俱乐部和电子竞技员的影响进行消费，也会为电子竞技衍生产品买单，对于泛娱乐性的消费有很强的意愿（见图 4–27）。

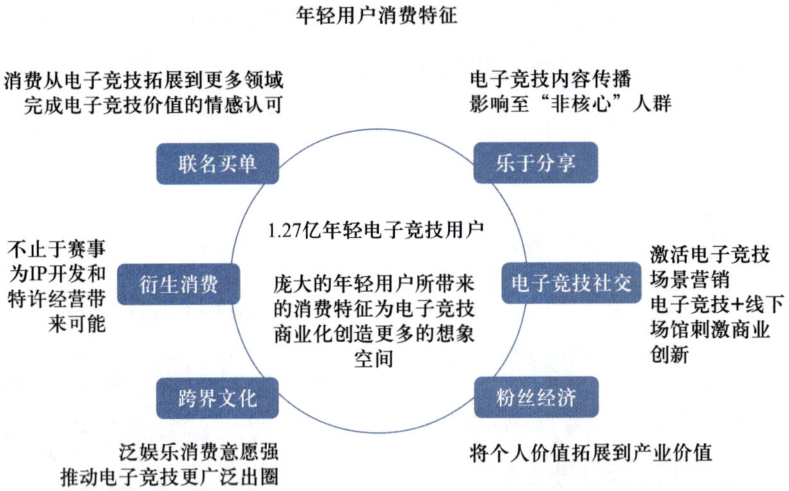

图 4-27　年轻电子竞技用户消费特征

总体来看，我国电子竞技用户偏年轻化，男性用户居多，人均月收入和支出都在整体居民平均收入与支出水平之上，更喜欢观看 MOBA 类或射击类突出技战术的电子竞技项目。

二、电子竞技活动观众需求分析

1. 欣赏需求

电子竞技赛事与活动的观众其最基本、最核心的需求是对于赛事场面、竞技场面的欣赏需求，这种感知的乐趣能够最直接、最快速地影响观众的观看体验。通过电子竞技活动，观众能够欣赏到精彩的竞技、博弈的场景，能够观赏到喜爱的俱乐部或选手的高超表现，能够观看多种多样的电子竞技娱乐节目等。

2. 学习需求

有学者分析了用户观看电子竞技项目直播视频的原因。分析的结果表明：对于电子竞技赛事或活动的观众来说，学习技能和寻求对自身技术与竞技能力的提高为一个完整的激励因素，活动与电子竞技内容可以通过提升竞技水平来增加用户在活动或平台上的参与行为。

3. 娱乐需求

追求快乐与逃避现实烦恼是一对相伴的心理特征，尤其对处于高压学习与工作环境的年轻人来说，娱乐可以暂时逃避现实中的烦恼。年轻电子竞技用户不只对赛事有观看需求，同时也倾向于为泛娱乐化的消费产品买单，为更多的商业性、娱乐性电子竞技活动营销带来可能。

4. 社交需求

电子竞技用户和消费群体处在“互联网 +”的时代，人与人之间的关系维系方式多样，社群的概念更加突出，社群经济的营销思路非常有利于运营多样的电子竞技商业活动。社交需求同样在年轻电子竞技活动用户群体中作为一个突出的需求因素而存在。电子竞技用户在电子竞技项目中倾向于和朋友一同组队或联机，不仅会通过观看或参与电子竞技赛事认识新的朋友，大部分的年轻电子竞技观众还会将赛事分享给朋友并与同好讨论赛事相关的内容。

5. 替代性成就需求

替代性成就是指在媒体内容中参与者之间能够产生共鸣，在电子竞技环境中，俱乐部和其观众（粉丝）享有共同的荣誉与成就，这种替代性成就可以反映为观众对于电子竞技俱乐部产生的归属感。俱乐部战队作为电子竞技赛事或活动最重要的参与者与内容创作者，不可忽视其在电子竞技活动运营中的作用。在当下的互联网新媒体社交环境中，观众与电子竞技主播、电子竞技选手甚至职业俱乐部之间能够建立更深的社会联系，从而为观众带来一种更高的替代性成就感。

学习单元 3　电子竞技表演编排准备

电子竞技表演的编排准备有 3 个要素：人流、物流和信息流。电子竞技赛事的组织即是控制和管理这 3 个“流”的过程。其中，信息流是无形的，依赖于人流和物流而存在，是赛事组织运营人员或部门之间就人流和物流进行交流的内容与载体，贯穿于这两个管理领域之中，是赛事组织运营工作的重要支持系统。

一、电子竞技表演的人力资源管理

电子竞技表演的人力资源管理是举办电子竞技表演活动的重要环节，在重要比赛前做好人员分配，明确人员职责和实现人员准备工作是成功举办电子竞技表演活动的前提。

1. 成立赛事表演组委会

赛事组委会对赛事的战略性和总体性功能负责，具体职责包括制定目标、实现目标的策略以及治理管理赛事。通常来说，成熟的大型赛事会成立长期的赛事组委会，如奥委会，而对于临时的小型赛事来说，成立核心的策划团队代替组委会，履行上述职责也是非常必要的。

（1）长期组委会是指那些在某一地区定期举办的赛事，通常由政府单位、地方协会、游戏开发商与运营商组织的有计划的周期性赛事。

（2）短期组委会是指只在某一地区举办一次或者两次之间要间隔很长时间，而且这种间隔还无法制订精确计划的赛事，也包括在某一地举行而在全球定期巡回举办的综合或单项赛事。

2. 赛事表演组织架构设置

赛事的组织始于赛事目标的确立，赛事组织架构是赛事组织工作开展的基础，是实现赛事目标的主体，赛事组织架构的设置与赛事目标应当相符。赛事组织架构应当充分考虑赛事的规模与等级，遵循与赛事规模、等级相一致的原则，如图 4–28 所示。

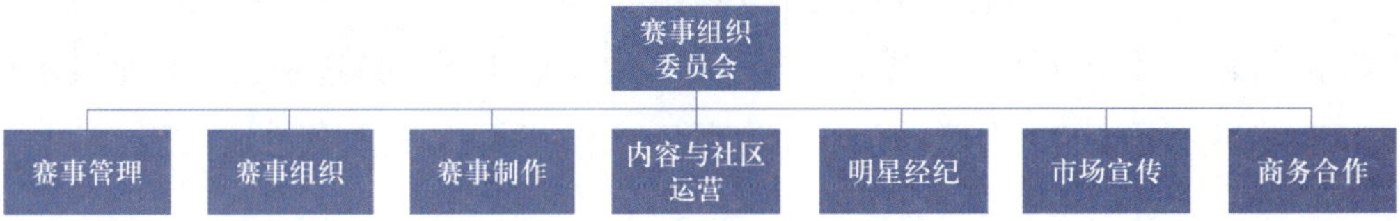

图 4–28　赛事组织架构

从高校赛、城市赛到职业联赛，从区域性赛事、国家级赛事到国际赛事，从单项赛事、多项赛事到综合型赛事，对组织架构提出了不同的要求，应当结合实际，避免冗余。精干的组织架构便于统筹管理，实现赛事的高效运作。

优秀的赛事组织架构需要保证运营的专门化，将类似的功能活动聚集在一起，以便于决策与沟通。合理的人力资源配置是实现效能精简、职能归位的关键。

以工作方法和技能作为部门划分的依据，将承担相同职能的人员组合在一起，设置相应的管理部门和职务。追求职能目标可能会导致管理者不清楚什么最有利于整个组织，职能专家相互隔离，彼此缺乏对工作业务的了解，产生沟通壁垒。

3. 电子竞技表演活动现场人员管理准备

现场人员管理准备主要是指到场的赛事消费者到达现场的时间分布特征。有时大量的人流是在短时间内“涌进”，有时则是在一定时间限度内缓慢地陆续到达。前一种情况容易出现人员的拥挤和突发事故。因此，从管理角度来看，现场组织管理人员应给观众及其他人员进行比赛场地预留足够的时间。

消费者对某一产品或服务的期望是事前基于所获得的赛事相关信息而形成的，因此具有“先在性”。体育赛事消费者（特别是观众等赛事的直接消费者）的期望值与他们实际体验水平之间的差额决定其满意度。

最后，现场人员需要进行精细化的提前管理，包括以下几个方面。

（1）现场集群人员的管理策略：赛前的前摄性管理。前摄性强调的是一种自发的前瞻性行为，例如网络票务预约。

（2）交通管制：交通管制需要充分考虑本地交通服务的软硬件状况，通行证、调度中心、交通路线图、应急预案是大型赛事主要交通管制的后勤事项。

（3）基于排队理论的集群人员管理：排队理论的一个重要方面是赛事消费的可感知排队时间。

二、电子竞技表演的资源准备

电子竞技表演的资源准备通常可以理解为有形资产和无形资产的准备。这些资源包括但不仅限于基础设施、场馆设施、转播条件、资金、主办方经验和赛事品牌影响力等。电子竞技表演的前期准备过程需要组委会根据赛事目标合理分配资源，以达到最佳的赛事效果。

1. 举办地基础设施建设（交通、网络）

城市基础设施是城市生存和发展的物质基础和先决条件，也是赛事运行的物质基础。它是保证赛事项目顺利运行的基本条件。赛事的举办要以良好的城市基础设施建设为前提条件。城市基础建设包括供水、燃气、集中供热、公共交通、道路桥梁、排水、网络、园林绿化、市容环境卫生等。

2. 场馆设施

良好的场馆设施是举办赛事的直接前提和基本条件之一。通常情况下，每一项赛事都会因为项目自身的需要或者赛事所有权方（赛会组织）的要求而对赛事的比赛场地提出一定的要求。根据项目与赛事的实际情况，场馆设施资源条件通常需要从场馆观众容纳数（容量）、场馆场地性质、场馆场地规模、场馆地理位置以及其他具体要求（项目不同，要求不同）等几个方面进行分析。

3. 媒体转播条件

从前赛事期的宣传、赛事中的现场直播到后赛事期的新闻编辑发布，体育赛事都需要转播媒体多方的配合。对赛事转播条件的分析主要从转播团队的经验与能力、转播技术、转播设备、信号制作标准、传送技术等多个方面进行。

4. 安保条件

安保是赛事成功举办的根本保障，也是赛事成功的标志之一。赛事安保工作的风险程度非常高，安保条件成熟与否应考虑在是否能够成功举办大型赛事的范围之列，包括安保的技术、设施与设备以及相关人员与团队的工作经验等。

5. 举办赛事所需资金

资金无疑是举办一项电子竞技赛事，特别是大型电子竞技赛事最直接的决定性因素。有些赛事在正式举办之前就需要大量的资金投入，一些需要竞办的赛事还需要一定的前期运作资金，赛事申办成功后则需要更多的基础设施与电子竞技设施的建设资金。电子竞技赛事的融资渠道主要有外在融资和内在融资两种。赛事举办主体的性质可以划分为政府机构和企业两类，两者的融资渠道与能力也不一样。政府机构或公益组织多采用政府拨款和获取社会捐赠等外在方式，同时也可以辅以内在融资的手段。企业类举办主体则主要通过商业化或市场化的方式进行外在融资。

6. 举办方的背景与资源

当举办方具备一定背景和资源时，为了提升比赛的质量与观赏性，在举办国际赛事时，可以邀请一些国际强队参赛，以提升比赛的规模。例如，CS2 的 Major 赛事，会直邀世界顶尖战队参赛，同时保持积分排名系统，在 Major 积分赛中领先的队伍，同样具有参与 Major 赛的资格。

7. 举办赛事运作经验

赛事运作是指赛事主办主体通过行使管理职能对赛事投入的人力、物力、财力和信息技术等进行合理的使用和分配，有效率和有效果地创造出竞赛产品和相关服务，从而达到赛事目的和目标的过程。赛事运作是举办赛事的核心与关键环节，是赛事资源充分发挥效益的前提。由于赛事运作涉及各个复杂的环节，一个优秀的赛事运作团队或丰富的赛事运作经验就成为赛事项目成功的关键。赛事运作团队的经验越足、能力越强，赛事举办成功的可能性就越大。其中，赛事运作团队的背景与赛事运作团队的经验可作为重点考虑的因素。不同背景的团队行事风格不同，所拥有的赛事运作经验也有不同的侧重点。因此，举办组织需要针对不同赛事的具体要求，选择有不同背景的赛事运作团队。经验直接影响能力，赛事的规模越大，越需要具有国际化大型赛事运作经验的团队。另外，对经验的考察还需要对赛事的类型进行分析。例如，同样是大型赛事，单项赛事与综合型赛事的经验要求就有很大的不同。

8. 竞赛信息安全

公平公正是竞赛的基础，对于电子竞技赛事，预防作弊是其必备的基础系统。

在线下赛中，首先要防止作弊器植入比赛设备，其次需要若干裁判监督现场，同时还要具备程序化的反作弊系统作为担保。最后，就是需要针对作弊行为制定严格的惩罚规定。

无论是体育竞技还是电子竞技，防止作弊均是保证竞赛公平的重要前提。分布式拒绝服务攻击（Distributed Denial of Service，DDOS）是指处于不同位置的多个攻击者同时向一个或数个目标发动攻击，或者一个攻击者控制了位于不同位置的多台机器并利用这些机器对受害者同时实施攻击，使攻击的目标无法正常使用。分布式拒绝服务攻击已经出现了很多次，导致很多大型网站都出现了无法进行操作的情况，这样不仅会影响用户的正常使用，同时造成的经济损失也是非常巨大的。

游戏是 DDOS 攻击的重灾区，因为游戏行业攻击成本低，而且对服务器在线的连续性要求很高。防御 DDOS 的攻击是保证竞赛顺利进行的关键。

课后练习

电子竞技活动观众的需求和电子竞技项目本身用户的需求有哪些区别？

职业模块 5 电子竞技项目开发

培训课程 1 电子竞技项目测试

学习单元 1 电子竞技项目测试概述

一、电子竞技项目软件测试的意义

测试对于游戏发行商来说非常重要，因为他们需要为测试人员提供资金，然后在正式游戏发行前组织和管理测试回合；测试对于主机游戏供应商来说也是十分重要的，因为在允许游戏面向他们发行之前需要满足一定的质量标准；手机游戏测试对于手机制造商和网络运营商来说同样非常重要，因为这能够帮助他们获得设备和网络的许可。在我国，获取版号或许还需要项目测试组的测试报告才能够申请通过；测试对于开发团队来说很重要。他们依靠测试人员来发现代码中的问题。当他们没有注意到软件的严重缺陷时，测试人员承担了这部分责任；测试对于团队来说很重要，因为要交付一款顶级游戏，需要签订合同，而且软件本身也很复杂。每当团队或公司之外的人看到游戏时，他们便会仔细审查并宣传它。

二、电子竞技项目软件测试原则

1. 测试是为了显示缺陷的存在

测试可以显示缺陷的存在，但不能证明系统不存在缺陷。测试可以减少软件中存在缺陷的可能性，即使测试没有发现任何缺陷，也不能证明软件或系统是不存在缺陷的。项目恐慌发生在以下几种情况：测试员在不熟悉项目时、措手不及时、高压状态时、短视时。

2. 穷尽测试是不可能的

穷尽测试是不可能做到的，当满足一定的测试出口准则时测试就应当终止。

考虑到所有可能输入值和它们的组合，以及结合所有不同的测试前置条件，这是一个天文数字，没有可能进行穷尽测试。因此，合理安排测试周期、选择测试项目就很重要。

3. 测试的尽早介入

根据统计表明，在软件开发生命周期早期引入的错误占全部过程中出现错误（包括最终的缺陷）数量的 50%～60%。此外，研究结果表明，缺陷存在放大趋势。如需求阶段的一个错误可能会导致 N 个设计错误，因此，越是测试后期，为修复缺陷所付出的代价越大。因此，软件测试人员要尽早且不断地进行软件测试，以提高软件质量，降低软件开发成本。

4. 缺陷集群性

80% 的错误集中在 20% 的程序模块中。通常情况下，大多数缺陷只存在于测试对象的极小部分，缺陷并不是平均而是集群分布的。因此，如果在一个地方发现了很多缺陷，通常在这个模块中就可能发现更多的缺陷。因此，测试过程中要充分注意缺陷集群现象，对发现错误较多的程序段或软件模块，应进行反复的、深入的测试。

5. 杀虫剂悖论

若杀虫剂用得多了，害虫就会产生免疫力，杀虫剂就发挥不了效力。在测试中，同样的测试用例被一遍遍地反复使用时，发现缺陷的能力就会越来越差。这种现象的主要原因在于测试人员没有及时更新测试用例，同时对测试用例及测试对象过于熟悉，形成思维定势。

为了克服这种现象，测试用例需要经常进行评审和修改，不断增加新的、不同的测试用例来测试软件或系统的不同部分，保证测试用例永远是最新的，即包含着最后一次程序代码或说明文档的更新信息。

6. 测试活动依赖于测试背景

对于每个软件系统来说，如测试策略、测试技术、测试工具、测试阶段以及测试出口准则等的选择都不一样。同时，测试活动必须与应用程序的运行环境和使用中可能存在的风险相关联。因此，没有两个系统能够以完全相同的方式进行测试。例如，对关注安全的电子商务系统进行测试，与一般商业软件测试的重点是不一样的，它更多关注的是安全测试和性能测试。

7. 不存在缺陷的谬论

系统的质量特征不仅有功能性要求，还包括很多其他方面的要求，如稳定性、可用性、兼容性等。假如系统无法使用，或者系统不能完成客户的需求和期望，这个系统的研发就是失败的，在系统中发现和修改缺陷也没有任何意义。

学习单元 2 电子竞技项目软件测试

一、项目测试内容

1. 游戏可玩性测试

不同的玩家对于游戏的“优秀”标准可能有所不同。对于用户来说，非常重要且需要被测试的项目内容包括故事的质量、游戏机制的质量、游戏音效和视觉效果的质量（如风格、真实感）、幽默和夸张的运用效果等。这些都是项目测试员需要测试、考量的内容。

2. UI 界面测试

游戏应该具有易于使用和清晰易懂的界面，这既包括游戏过程中呈现在屏幕上的图形用户界面元素，也包括为玩家操作和影响游戏提供的游戏控制。用户界面可以由多个元素组成，如屏幕显示和菜单。游戏控制包括玩家在游戏过程中控制和操作角色（团队、汽车、军队等）的方式，以及他们通过视角和灯光设置控制体验的方式。游戏还应该支持各种各样的控制器，如用于空战的操纵杆和驾驶的方向盘。

3. 性能测试与优化

为用户提供高质量体验的一个因素是确保游戏代码、框架和资产与目标平台的系统相兼容，也就是可兼容性。这包括游戏正常运行所需的可用工作内存。

较高的内存需求可能会影响游戏性能，受到游戏设备属性的约束。每增加一个磁盘或更高容量的存储卡都会影响游戏的制作和分销成本，为了弥补额外的设备成本而提高项目的使用价格可能会影响销售。移动设备内存不像计算机那样可随意升级，游戏必须符合所支持的板载存储芯片和可移动存储设备的内存限制。从可用的固定和可移动内存来看，手机游戏是最受限制的。

4. 其他测试内容

除了上述三种测试内容外，电子竞技项目测试还包括数值测试、接口测试、付费测试、游戏功能及关联测试、集成测试等。无论是何种测试手段，其目的都是保证电子竞技项目最终的流畅度、安全性、规范性和可玩性，确保其在符合国家相关部门规范的同时也能给用户带来良好的体验。

二、项目软件缺陷类型

软件可能会以各种各样的方式出现问题和漏洞。对缺陷进行分类是很有必要的，这些分类揭示了缺陷是如何引入的，以及如何发现它或在将来避免它。IBM 公司推出的正交缺陷分类（ODC）系统就是为此而开发的。这个系统根据正在进行的开发活动定义了多个分类类别。缺陷类型将按照缺陷引入代码的方式进行分类。每个缺陷要么是非正确的结果，要么是代码丢失的结果。下面列出的缺陷类型总结了产生游戏代码的不同软件元素类别：功能、赋值语句、检查、构建 / 包 / 合并（归档）、算法、文本、界面等。

1. 功能问题

功能错误是指影响游戏功能或用户体验游戏的错误。在需要此功能的某些或所有实例中，提供此功能的代码缺失或不正确，如图 5–1 所示。

VANISH

Description:

Provides the stealther with super stealth, which cannot be broken. Also will purge DoTs and Bleeds and provides immunity to crowd control. This ability lasts for 1 to 5 seconds depending on level of Vanish. The stealther also receives an increase in movement speed as listed. A stealther cannot attack for 30 seconds after using this ability.

Effect:

L1 - Normal Speed, 1 sec immunity

L2 - Speed 1, 2 sec immunity

L3 - Speed 5, 5 second immunity

Type: Active

Re-use: 10 min.

Level 1: 5

Level 2: 10

Level 3: 15

Classes for ability Vanish:

Infiltrator, Nightshade, Shadowblade

from Allakhazam's *Magical Realm* at http://camelot.allakhazam.com/ability.html?cabil=73

图 5–1　代码实例

这里有一个代码片段，是描述可以用来设置和初始化“VANISH”能力的代码。玩家的“VANISH”技能等级将被传递给一个特定的“VANISH”技能的处理程序。这个例程需要激活此功能所需的所有函数调用。g_vanishSpeed 和 g_vanishTime 数组存储此能力的三个级别的值，加上级别 0 的值。这些数组使用“g_”前缀命名，以表明它们是全局的，因为具有此功能的所有字符都适用相同的结果。所有大写字母显示的值表示这些是常量。

缺少对显示生效时间例程的调用是该代码功能类型缺陷的一个例子。也许这段代码是从其他功能中复制的，并且添加了“VANISH”全局变量，但没有附带的显示代码（见图 5-2）。另一种可能是关于这种能力如何工作的错误交流，程序员不知道应该显示时间控件。

```
void HandleVanish(level)
{
        if (level == 0)
                return;        // player does not have this ability so leave
        PurgeEffects(damageOverTime);
        IncreaseSpeed(g_vanishSpeed[level]);
        SetAttack(SUSPEND, 30SECONDS);
        StartTimer(g_vanishTime[level]);
        return;
} // oops! Did not report seconds remaining to user - hope they don't notice
```

Alternatively, the function to show the duration to the user could have been included, but called with one or more incorrect values:

```
        ShowDuration(FALSE, g_vanishTime[level]);
```

图 5-2　VANISH 出现功能问题

2. 赋值语句问题

如果缺陷是程序使用的错误设置或初始化值的结果，或者缺少所需的赋值，那么这种缺陷就被归类为赋值类型。许多赋值语句都发生在游戏、新关卡或游戏模式的开始阶段。以下是关于各种游戏类型的一些例子。

体育类项目中的团队计划，初始化每局游戏的分数，最初的团队阵容，进行比赛的球场、场地、溜冰场等，一天中的天气情况和时间。

冒险类项目中地图上的初始坐标，初始属性、技能、物品和能力，初始报告等。

竞速类项目中的初始化跟踪 / 回合数据，比赛开始时的初始燃料或能量值，设置升级道具和障碍，天气情况和时间等。

集换式卡牌类或棋类项目中开始时的初始点数或金钱数量，初次发牌量或放置棋子的位置，比赛的初始排名，操作顺序。

动作类项目中的起始生命值与能量值，在擂台或竞技场中的初始位置，比赛的初始排名，竞技场。

策略类项目中单位的初步分配，初始资源分配，单位和资源的起始位置和安置，当前场景的目标。

射击类项目中的起始生命值与能量值，起动设备和弹药，玩家的起始位置，对手的数量和强度。

从这些项目中可以看到，任何改变都可能使结果向有利于玩家或对手的方向倾斜。游戏程序员非常注重平衡游戏的所有元素。初始值分配对于提供游戏平衡非常重要。

3. 检查问题

当代码在使用数据之前不能正确地验证数据时，就会出现检查缺陷类型。这可能是缺少条件检查或检查定义不正确。下面是一些 C 代码中错误检查的例子。

使用“=”而不是“==”来比较两个值。

当一系列比较没有用括号括起来时，对操作符优先级的错误假设。

“Off by one”比较，例如使用“<=”而不是“<”。

与 NULL 相比的值（* 指针），而不是 address（指针）——要么直接来自存储变量，要么作为函数调用的返回值。

C 库函数调用（如 strcpy）返回的忽略（未检查）值。

再回到“VANISH”。下面展示了一个检查缺陷的情况，能力处理器没有检查显示效果持续时间的标志，或者检查了错误的标志来确定效果持续时间（见图 5–3）。

```
HandleAbility (ABILITY_STRUCT ability)
{
        PurgeEffect(ability.purge);
        if (ability.attackDelay > 0)
                StartAttackDelayTimer(ability.attackDelay);
        if (ability.immunityDuration == TRUE)
        // should be checking ability.displayImmunityDuration!
                DisplayAbilityDuration(ability.immunityDuration);
}
```

图 5–3　VANISH 存在检查缺陷的情况

4. 归档问题

归档，或者说打包问题，是由使用游戏源代码库系统、管理游戏文件更改或识别和控制打包版本的错误造成的。

归档是编译和链接源代码和游戏资产（如图像、文本和声音文件）以创建可执行游戏的行为。配置管理软件通常用来帮助管理和控制游戏文件的使用。每个文件可以包含多个资产或代码模块。文件的每个唯一实例都由唯一的版本标识符标识。

要归档每个文件不同版本的规范在配置规范中完成。试图指定要构建的每个文件的单独版本是非常耗时且容易出错的，因此许多配置管理系统提供了为每个版本标记的能力。一组特定的文件版本可以通过配置规范中的单个标签来标识。

每个文件都有一个特殊的演进路径，称为主线。任何从已经在主线上的文件派生而来的新版本文件都称为分支。分支上的文件也可以有与第一个分支分离的新分支。通过一个称为合并的流程，可以将在一个或多个分支上所做的更改与其他并行进行的更改结合起来。合并可以手动完成，也可以自动完成，或者借助配置管理系统的一些帮助，如突出显示合并在一起的两个版本中哪些特定的代码行不同。版本树提供了一个文件的所有版本及其彼此关系的图形视图。

当程序员想要使用配置管理系统更改文件时，该文件会被检出。一旦程序员对更改感到满意，并希望将新文件作为原始文件的新版本返回，该字段就被检入。如果在某个时间点，程序员改变了主意，就可以取消文件签出，对文件的原始版本不做任何更改。

5. 算法问题

算法缺陷包括由某些计算或决策过程导致的效率或正确性问题。把算法想象成一个得到结果（例如，答案是 42）或结果（例如，门打开）的过程。每个项目都有很多算法，甚至可能很难注意到它们是否工作正常。不当的算法设计往往是人们在游戏中获得意想不到优势的根源。以下是在不同类型游戏中的算法和算法缺陷。

体育模拟类项目中的机器人对手发挥、阵型和替代选择，机器人交易决策，模拟一个真正的教练或对手的比赛指挥和决策，游戏中两支队伍所有位置的个人 AI 行为，当动作移动到球场 / 球场 / 冰面的不同部分时，摄像机的角度也会发生变化，判罚和裁判判罚球员受伤，球员数据在赛季中的发展，启用特殊的升级道具、奖励或模式。

冒险类项目中的相反和友好的角色对话回应，敌对和友好角色的战斗决定和行动，根据技能、护甲、武器类型和力量等进行伤害计算、豁免计算，决定使用技能的结果，如潜行、制作、说服等经验值计算和奖励，能力成本、持续时间和效果、武器和能力目标、影响范围，以及随着时间的推移所造成的伤害。

竞速类项目中汽车的损坏和磨损计算、损坏汽车的行为，车的损坏表现，车辆漂移，轨道表面、银行、天气等环境因素的保理影响。

格斗类项目中的损害 / 点计算，包括环境影响，计算和渲染战斗对环境的影响，疲劳计算与保理，特殊的动作及效果。

策略类项目中的资源和单元构建规则（前提条件，所需资源等），损害和影响计算，能够使用新的单位、武器、技术、设备等。

射击类项目中根据技能、护甲、武器类型和力量等进行伤害计算，武器瞄准，影响范围，以及随时间的伤害，对速度、对玩家的伤害，武器偏转或集中的环境影响（例如，虚幻竞技场的高射炮弹会从墙上偏转）。

6. 文本问题

文件缺陷出现在游戏中的固定数据资产中，包括文本、音频和图形文件内容：文本，对话框，用户界面元素（标签、警告、提示等），帮助文本，指令，探索期刊，音频，声音效果，背景音乐，对话（人类、外星人、动物），环境音效（流水声、鸟鸣声等），庆祝歌曲，视频，电影的介绍，环境对象，级别定义，身体部位和服装的选择，物品（武器、车辆等）。

7. 界面问题

界面出现在信息传输或交换的任何位置。在游戏代码内部，当一个模块调用另一个模块的方式出现问题时，就会出现界面缺陷。如果传递的参数与调用例程预期不匹配，则会出现不希望的结果。界面缺陷可以通过多种方式引入。幸运的是，这些也属于逻辑分类。

（1）调用一个或多个参数值错误的函数。

（2）以错误的顺序传递参数调用函数。

（3）调用缺少参数的函数。

（4）调用带有负性参值的函数。

（5）调用参数值按位倒转的函数。

（6）调用带有自定义参数的函数。

三、项目测试方法

主要的项目测试手段有黑盒测试和白盒测试。几乎所有的游戏测试都使用黑盒测试，即从应用程序外部完成的测试。测试人员不需要知道或访问源代码，游戏测试员通常不会通过阅读游戏代码来发现缺陷。相反，游戏测试者尝试着使用与普通玩家相同的输入设备（如手机）去寻找缺陷。黑盒测试是测试极其复杂的系统和模块网络最具成本效益的方法。

白盒测试是通过测试软件的内部结构、设计和编码来验证输入输出流，提高设计、可用性和安全性的一种测试方法。在白盒测试中，代码对测试人员是可见的，因此也被称为 Clear Box 测试。与黑盒测试相比，白盒测试让测试人员有机会直接使用最终用户无法使用的方式来执行源代码。对于白盒测试员来说，阅读一段游戏代码并预测它将与其他代码交互的每一种方式，以及该代码是否考虑了所有可能的输入组合和顺序。只使用白盒方法测试游戏也是非常困难的，因为这几乎不可能解释玩家反馈循环的复杂性。然而，在某些情况下，白盒测试比黑盒测试更实用和必要。其中包括，在提交新代码与游戏其他部分整合之前，由开发者进行测试；测试代码模块将成为跨多个游戏和 / 或平台可重用库的一部分；测试作为游戏引擎或中间件产品必要部分的代码方法或功能；测试游戏中可能被第三方开发者或“modder”使用的代码模块，他们可以根据自己的喜好扩展或修改用户的游戏行为；测试游戏用于支持最新硬件设备（如显卡或音频处理器）特定功能的低级程序。

1. 组合测试

测试人员和项目经理一直在努力解决这样的问题：什么程度的测试是太少、太多或刚刚好。游戏质量必须对消费者来说足够好，但如果游戏要赶上发行日期，测试就不能永远进行下去。在这种情况下，尝试测试游戏事件、配置、功能和选项的所有可能组合既不实用也不经济，而走捷径或跳过一些测试是有风险的。

成对组合测试是一种发现缺陷并获得对游戏软件信心的方法，同时保持测试集相对于它们覆盖的功能数量较小。“成对”组合意味着用于测试的每个值需要与其余参数的每个值至少组合一次。

参数是在组合测试中包含的游戏的单个元素。可以通过查看各种类型的游戏元素、功能和选择找到测试参数，如游戏活动、游戏设置、游戏选项、硬件配置、角色属性、自定义选择等。

2. 测试流程图

测试流程图（TFDS）是代表玩家视角的游戏行为的图形模型。测试是通过图表来进行的，是以熟悉的和意想不到的方式来执行游戏。

TFDS 为测试设计提供了一种促进模块化和完整性的正式方法。如果相同的行为在多个游戏或功能中保持一致，测试人员就可以享受到高度的 TFDS 重用。这种优势也适用于续作和其他平台的移植。TFDS 的图形化特性使测试人员、开发人员和生产人员能够轻松地审查、分析测试设计，并提供反馈。

3. Cleanroom Testing

Cleanroom Testing 是从被称为 Cleanroom Software Engineering 开发实践中提取的一种技术。Cleanroom Testing 的最初目的是测试软件，以便在整个项目过程中进行平均失效时间测量。Cleanroom Testing 是用来解决为什么用户在游戏发布前经过数小时的测试后发现了游戏中的问题。如果游戏成功的一个衡量标准是用户不会发现任何漏洞，那么游戏团队的测试策略就应该包含一种检测和删除最有可能被用户发现缺陷的方法。

那么用户是如何发现缺陷的呢？用户是通过使用软件的方式发现软件缺陷的。它指出了一种测试方法，根据玩家将使用它的方式来执行游戏。这就是 Cleanroom Testing 开发所做的；它会根据玩家玩游戏的方式进行测试。

4. 测试树

在游戏测试中，测试树可以用于三种不同的目的。

（1）测试树记录了测试用例与游戏功能、元素和功能之间的层次关系。

（2）树形特征测试反映了设计到游戏中的特征或功能的树形结构。

（3）测试树设计用于开发系统覆盖特定游戏功能、元素或功能的测试。

5. 游戏性测试法和随机性测试法

随机性测试是一种更混乱、更无组织但却同样重要的游戏测试方法。

随机性测试，有时被称为“通用”测试，它描述了以一种不那么结构化的方式检查缺陷。游戏性测试是指通过玩游戏来测试平衡性、难度和难以捉摸的“乐趣因素”等主观品质。

随机性测试允许测试员作为一个独立的测试者去探索可能下意识或不自觉地想到的调查路径。在测试游戏的过程中，测试员几乎每天都会有这样的想法：我想知道如果我这么做会发生什么……这种测试模式能够帮助测试员更好地探索游戏，就像在迷宫中漫步一样。

上面所提及的测试方法主要关注游戏能否运行，游戏性测试法关注的是一个不同但更重要的问题：游戏是否运行良好。更具体的问题，如游戏是否过于简单、游戏难吗、这个游戏容易学吗、控制是否直观、界面是否清晰且易于导航，最重要的问题是游戏是否有趣。与目前所涉及的其他类型的测试不同，游戏性测试法关注的是判断，而不是事实。因此，这是测试人员能做的最困难的测试之一。

学习单元 3　电子竞技项目游戏性测试

游戏性也称可玩性，不同类型游戏的可玩性不能一概而论。不同的用户群体，其对于可玩性的概念是不同的，在设计一款游戏产品时，需要从用户的角度出发，如适合 16 岁以下人群玩的游戏与适合 18 岁以上人群玩的游戏，可玩性的角度不同。

游戏行业内有一个有效地考察游戏是否具有可玩性的办法是：同竞品进行数据对比。即将同渠道下、相同用户质量的两个批次玩家，分别导入两款玩法类似的竞品中，在排除运营、口碑等因素的情况下，认为数据高者游戏性更好，如英雄联盟对比 DOTA 2。

游戏的可玩性可以从游戏方式、新手指引、游戏背景、任务系统、成长性进行综合分析。

一、游戏方式

从游戏的发展角度来看，从文字游戏发展至 2D 游戏，再到立体声游戏，到现在的 3D 游戏，玩游戏的感觉逐渐向现实靠近。从游戏的技术角度看，图形学、AI、物理模拟、人机交互等，游戏的表现方式也符合真实的世界。从类型角度看，冒险类、角色扮演类、第一人称射击类游戏，游戏的模式已经很符合现实世界了，玩家希望游戏更真实。从游戏的整体发展过程来看，它完全符合玩家的要求。很多游戏在虚拟现实方面跨越了一大步，从而造就了今天的经典。例如，魂斗罗就引入了过关射击模式；魔兽争霸在游戏图形和平衡方面有很大的改进。虽然玩家在人与计算机的对抗中能体会到乐趣，但是它无法与人人对战游戏相比，这才有了街头霸王这样的经典游戏，由于是人人对战，玩家总会找到比自己更强的对手，这也是玩家玩这类游戏的直接动力。游戏不断更新，直到 CS，它在图形方面更真实，感觉上也更接近现实世界，可以说，CS 是游戏发展过程中的一个重要里程碑。

二、新手指引

新手指引是玩家刚进入游戏时的必经环节，玩家可以通过新手指引快速上手此款游戏，了解游戏的背景、操作方式属于哪种游戏类别等。尽管之前可能玩过同类型的游戏，如 CS 和穿越火线，其游戏方式基本一致，但地图、弹道与枪械的后坐力还是有不同之处，需要经过新手指引来了解游戏。

好的新手指引能在一定程度上留存用户，增加用户黏性，使普通用户更快地了解游戏、上手游戏，成为此款游戏的核心用户。

如果一个玩家没有经历过新手指引环节就直接玩一款游戏，一段时间后可能会碰到各种各样的问题，毕竟每一款游戏的设定、操作方式不尽相同。很多游戏出现不和谐的情况也是因为没有经历新手指引，如某款 MOBA 类项目，玩家在进入时直接点击“我是老玩家，不需要指引”，这样直接进入到与玩家对抗的对局中，因为不了解游戏的技能、技能按键、中立资源机制，可能出现“送经济”“坑队友”的情况。

例如，CS2 的新手指引，会对零基础的玩家起到帮助作用，新手指引内容包括开枪（点射、扫射）、可穿透的材质识别、武器射击精确度训练、道具物投掷、测试玩家反应能力、C4 的安放与拆除、主武器的使用，并设置了计时闯关模式，能让新手玩家反复训练，提升游戏水平。在训练的过程中，玩家会逐渐上手 CS2 的操作方式、移动方式，更加熟悉游戏玩法（见图 5–4 和图 5–5）。

图 5–4　点射训练

图 5-5 安放与拆除 C4 训练

三、游戏背景

1. 游戏背景的定义

对于大多数游戏而言，世界观在游戏中的地位至关重要，它直接影响了玩家对游戏的整体体验感。作为一款游戏，如果不谈世界观，则根本无法将其余模块一一衔接完整。游戏世界观以自然规律的固有发展为基础，与社会生活中的真实体验相结合，从大众的审美角度出发，通过现代科技软件制作、融入，表现于游戏的故事背景、人物设定、界面、音乐风格以及道具等方方面面。这是一个严谨与烦琐的过程，直接决定了母盘阶段（游戏开发基本完成并开始第一次测试的阶段）后游戏整体的运营方向。其中最重要的一点是：以自然规律的固有发展为基础。简而言之，就是遵守事物发展的自然规律。所以，如何执行、如何体现才是真正的重点。而故事的背景恰恰是执行和体现的重中之重，因为它直接影响了玩家的体验感和兴趣。

2. 游戏背景的作用

设计游戏背景故事并不是单纯为了讲述一个故事，若单纯想看故事，比游戏好的故事载体有很多。游戏背景故事最大的价值在于，为玩家提供游戏意义，并为设计师提供一个整体的设计指导，对于不靠核心游戏玩法乐趣取胜的复合型游戏，或者需要挤占玩家大量时间的游戏来说，背景故事以及其对游戏设计的整体指导意义就显得尤其重要。

游戏背景的设计可以提升游戏品质，满足玩家好奇心，使人物个性化，充满话题性，如英雄联盟每个英雄都有自身背景和完整的世界观，能使玩家在进行游戏时感受到更加生动的体验。在英雄联盟里，如果双方选手使用的角色在游戏背景下互为对手，即可触发游戏彩蛋和语音联动，如皮城女警凯特琳在遭遇暴走萝莉金克丝时，即可触发多段剧情语音，击败对方也可获得额外金币，让玩家在游玩游戏时也能联想到背景故事中皮尔特沃夫和祖安的城镇故事。

3. 游戏背景实际案例

英雄联盟如今已经构建了完整的世界观与游戏背景，并在不断完善。新的英雄不会凭空出现，而是具备一定的背景，与之前的英雄形成联动，具备一定的爱恨情仇故事。

在英雄联盟的官网上就可以查询到游戏相关内容的背景，进入官网点击英雄资料，找到英雄联盟宇宙。英雄联盟宇宙内容包括专题、英雄、地区、漫画、集锦、另一个宇宙、地图、探索（见图 5–6~图 5–9）。

图 5–6　英雄联盟官网资料

图 5–7　游戏背景英雄界面

图 5–8　英雄联盟官网英雄"薇古丝"介绍

图 5–9　英雄联盟世界地图

四、任务系统

任务系统是为了促使玩家主动去玩游戏的一种措施，在游戏发展过程中，任务可起到如下几个作用。

1. 引导玩家熟悉游戏

很多即时战略游戏的任务设置都是比较典型的，在此任务内仅能制造某些单位，让玩家熟悉游戏过程和各兵种特性等。

2. 给予玩家目标

当玩家没有目标的时候，人为设置一个目标，让玩家去追求。

3. 赋予游戏特殊玩法

通过脚本或者游戏机制，做到游戏玩法的扩展性，很多网游的任务、活动就是用此种方式扩展一些与本身核心玩法不同的玩法。例如，天涯明月刀引入莲华之境，可以理解为“50 对抗 50”的“吃鸡”玩法，获得的奖励可以用到正常的大世界中，吸引玩家去玩这个模式。

例如，英雄联盟的每日首胜机制，可以起到维持用户活跃的作用（见图 5–10）。在英雄联盟刚发行时，很多人打招呼时会问：“今天的首胜拿了吗？”毕竟每日首胜的奖励对于不充值的玩家来说，是快速积攒精萃，购买自己心仪英雄的途径。

任务系统设置得过于繁杂，会给玩家造成负担，营造成一种下班了之后还要“上班”的感觉，久而久之会让玩家丧失游戏的兴趣；任务系统设置得过于简单，玩家就会快速达到游戏的终极目的，也会丧失对游戏的兴趣。

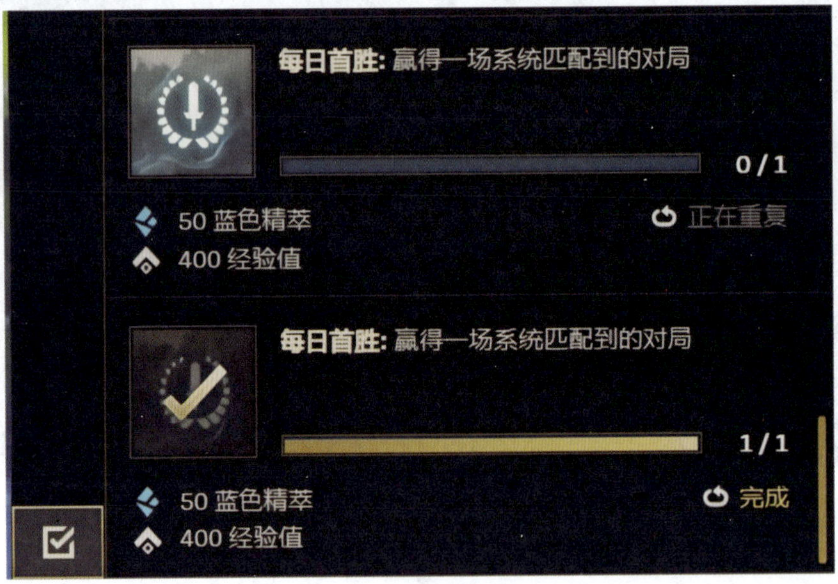

图 5–10　英雄联盟每日首胜机制

五、成长性

随着游戏行业的发展，现在的游戏大部分都引入了主角的概念，也就是玩家在游戏中扮演的角色或玩家本身，游戏的成长性如同真实世界中的人一样，可以学习新的技能、知识，获得物品。例如，没有实体主角的卡牌类游戏，游戏厂商就直接将玩家设置为角色，并引入成就系统、收集系统。MOBA 类项目则为成就系统、收集系统加天梯分数或段位。

具备成长性的游戏，有时也会成为留住玩家的依据，如一个玩家辛辛苦苦地养成了一个账号，有一天因为各种原因无法继续游戏，后来再有空闲时间时，想起自己之前在某款游戏中投入很多时间和精力，就很有可能重拾这款游戏。

课后练习

在游戏测试过程中，游戏的可玩性一般可以从哪几个方面进行综合分析？

培训课程 2 电子竞技项目体验

学习单元 1 电子竞技项目体验的意义

一、电子竞技项目用户体验基础介绍

任何游戏开发的主要目标都是创造出一款玩起来有趣、具有娱乐性、能够提供惊喜的游戏，让玩家能够接受挑战并运用自己的技能，同时还能够提供美感的体验，支持社交联系或让玩家认同游戏。目前有各种各样的游戏评估方法，可以帮助游戏设计师和开发者、研究人员和从业者认识不同游戏的用户体验。用户体验是玩家体验的同义词。

从游戏开发的早期开始，人们就意图量化或可视化游戏的用户体验。最早的程序员开发自己的游戏，并亲自试验、观察游戏是否有趣。如今，用户体验评估方法根植于各个领域，在今天的产业中，游戏行业使用了各种方法去理解游戏体验的各个方面。用户体验一词在游戏行业中很少被使用，但在人机交互领域却非常突出。如今，人机交互和游戏研究领域开始相互学习。一方面，在游戏开发过程中采用人机交互的评价方法来改善用户体验；另一方面，人机交互借鉴和研究游戏体验的沉浸感、趣味性或流等方面，以更好地理解用户体验的概念，并将其应用到标准的软件设计和开发中。

经验被定义为人类生活固有的东西。人类的每一项活动都构成并产生一种体验，它既是成分又是产物。经验是个人与环境相互作用的结果。在人机交互中，术语“体验设计”是指在设计计算机应用程序时考虑用户、任务和环境。但由于体验是人类日常生活的一部分，评估体验并不像设计体验那样泾渭分明。体验被定义为个人的和主观的，所以评估体验就是评估用户的主观评价。

评估体验的重点是通过观察用户和任务的关系来超越可用性。可用性是指如何实现应用程序，让用户高效地执行任务；主要的关注点是生产力，让用户在最佳的时间内高质量地完成任务；次要的目标是用户偏好和满意度，它是对这种关系的评估。有学者将体验定义为用户对交互的感觉，当在交互过程中，乐趣、享受、愉悦或美学等因素对用户产生影响时，应用程序就会挖掘用户体验，即对体验的评价与对享受、乐趣、愉悦等的评价相关。为了评价体验，HCI 通常关注体验的最终结果，用户与特定上下文中的对象有关系，从这种互动中，用户可以与更多的人隔离或分享经验。所有这些方法都需要密切了解用户本身，以了解特定体验是如何受到影响的，这种解释不能一概而论，因为它依赖于个人的理解过程。然而，即使经验是个人的，也有可能在社会群体中分享并能够让大多数人感同身受。在交互过程中，个体关注的不是手头的应用程序，而是正在完成的任务。

体验是用户在给定时间内与环境交互的过程和结果。

二、影响电子竞技项目用户体验的关键要素

许多和心理情绪、情感相关的概念，如沉浸感、乐趣、存在感、参与感、黏性和流都被用来描述游戏的用户体验。通常这些概念的定义非常广泛，如存在感是“存在的感觉”，而心流描述的是“最佳体验”。这些概念有各种不同的心理分区，如专注度、情绪和对游戏挑战的认知评估都被称为沉浸感。因此，这些概念之间有很多重叠的地方，可见，理解和实际测量它们会面临许多挑战。例如，将流定义为“最佳体验”并将其限制在极端情况下只会削弱其在一些典型游戏 UX 分析中的适用性。心流的子概念，如技能和挑战，提供了评估游戏的有效心理指标，即使玩家永远无法获得真正的“最佳体验”。专注于子概念，而不专注于具有复杂底层结构本身的概念，还有其他优点，例如，在 4 款不同游戏中同样高的“元存在”分数，实际上隐藏了在 5 个测量的存在子概念（如物理存在、注意力、共同存在）中发现的游戏之间明显的体验差异。

有一些以用户为中心的经验数据可以为游戏中用户体验的潜在子组件提供证据。有人研究了游戏中的沉浸感。他们在主成分分析中提取了 5 个体验子成分，并将其命名为认知参与（好奇心和兴趣）、现实世界分离（注意力、时间分离）、挑战、情感参与（共情、享受）和控制（易于控制、与游戏互动）。同样，有人通过研究浸入式学习构建了 SCI 模型，尽管他们的模型是基于对与父母一起玩游戏

的儿童进行的访谈，但从成年玩家中收集的234个样本的因素分析进一步支持了该模型。它们的3个子概念分别是感官沉浸感（游戏的声音超过了环境中的其他声音）、基于挑战的沉浸感（挑战和能力），以及想象力沉浸感（想象力、同理心和幻想）。

有人使用因子分析来提取使用和满足维度。他们将6种提取出来的游戏动机分为竞争、挑战、社交互动、消遣（我玩游戏而不是我应该做的其他事情）、幻想（成为其他人）和兴奋（肾上腺素）。通过对15名玩家和15名非玩家的定性和定量分析，发现了4种主要的游戏动机，其中包括困难的乐趣（有意义的挑战）、简单的乐趣（探索新冒险的兴奋和好奇心）、改变的状态（内部情绪）和他人因素（与他人竞争和合作）。同样，有人探讨了让玩家继续玩游戏的原因，这一框架中的衡量标准是由之前研究中使用过的综合尺度组成的：游戏能力（有能力且有效）、游戏自主性（自由地做感兴趣的事情）、存在感（身体、情感、叙述）和直觉控制（容易记住并掌握）。主观活力（精力和活力）、自尊、情绪、游戏乐趣、对未来游戏的偏好和持续游戏行为也能够被测量。有人调查了游戏中哪些问题会影响玩家的乐趣，他们的主要构成因素分析发现了5个因素：物理现实（重力，超写实的画面等）、声音（效果和配乐）、叙述、直觉（与物体的互动）和表达自由（许多不同且独特的使用物体的方式）。

有人在游戏评估中提出的4个重要因素是：综合质量（如乐趣）、易用性（控制、界面）、挑战和节奏（新挑战的速度），这些都是基于微软游戏工作室所进行的各种研究中收集的强有力的经验数据。有人的研究揭示了基于定性玩家访谈和专家评估的9个相关因素，包括享受（乐趣、愉悦、放松）、流（专注、同化）、想象沉浸（故事、共情）、感觉沉浸（存在）、悬念（挑战、紧张、压力）、负面影响（失望、沮丧）、控制（自主、权力）、社交存在（与他人联系、共情）和能力（骄傲、欣快）。

本学习单元主要根据3个重要的关键因素来理解游戏的用户体验：存在和参与、心流、可玩性。

三、电子竞技项目用户体验的意义

电子竞技项目设计是最具经济效益的娱乐产业。由于电子竞技项目的性质和设计，用户体验被娱乐性、文化性和其他主观因素所丰富，这使使用普通的、在交互式系统中常用的传统方法进行分析和评估变得异常困难。

1. 有助于全方位了解项目用户

用户是电子竞技项目最重要的受众，关注电子竞技项目的用户体验，让研究者更好地掌握和了解用户在与游戏交互过程中的反应和感受，能够加深对用户群体的全面了解。对于电子竞技项目设计和开发者来说，在项目层面，通过用户体验评估能够观察到用户会在项目中的哪一环节停留时间更长，哪一环节倾向直接跳过等细微的偏好；在用户群体层面，通过在项目外部了解到用户的年龄、性别、消费水平等数据，进一步将用户标签与用户体验对应，从而更深入、更全面地了解用户习惯及行为。

2. 有助于明确项目产品本身的目标

在全方位了解项目受众后，设计和开发公司要实现的最重要的产品目标即满足用户的需求。用户需求以用户体验和用户属性为基础。设计者可以探索用户在体验项目时会产生怎样的情感需求或互动需求，并决定是否满足用户需求，以达到产品本身的目标。可能会出现设计者明知用户需求却不满足的情况，甚至这种情况并不少见，设计者主要是为了营造出人意料的情景。

3. 用户体验评估是评价项目质量的重要标准

当下，许多学者与设计者使用多种测量方式试图完美剖析用户在项目中的体验，较为流行的评估方法有主观的访谈法、情感量表法，客观的眼动追踪法、脑电测量法等数据方法。对于用户体验的主观和客观两方向的测量与评估，为游戏的评测提供更多客观有力的依据。

4. 有利于改进、丰富电子竞技项目产品

通过了解用户，评测其体验，进而深入掌握项目本身的优点和不足，能够为电子竞技项目设计者和开发者不断改进和丰富游戏内容提供有价值的参考和创意思路，不断挖掘游戏更深层的应用价值。

学习单元 2　电子竞技用户体验关键要素

一、存在感与参与感

玩家经常会提到各种各样逼真的高质量画面和吸引人的叙述是游戏的核心元素，这些元素能够产生各种与游戏相关的感觉。有与他人在一个真实地方的感觉是存在理论的核心理念，存在理论已经针对不同的媒介进行了相关研究，如在虚拟环境、电影和电视中。与游戏中的其他概念不同，存在概念具有广泛的理论和经验基础，目前有超过 1 800 种出版物组成了现存的文献。

存在理论的以下三个子概念被用来支撑描述存在感或在媒介环境中的空间存在：注意力（心理沉浸）、知觉真实感（自然性）和空间意识（参与感），这种三重结构也在实证研究中被证明。此外，唤醒水平、身体互动的范围和一致性是空间存在的组成部分。社交内容是许多游戏的重要元素，它能够激发社交存在感。社会存在由社会丰富性、社会现实和共同存在（共享空间）组成。这些元素与电子竞技项目中的社交功能（叙事和玩家披着角色的外衣在游戏世界中的社交）非常吻合。社交丰富性指的是电子竞技项目个性化程度；社会现实性是指现实世界与游戏世界的物体、人物和事件之间的相似性；共同存在是指与其他角色共同在游戏中存在和行动的感觉。

存在感和有动机的参与感之间有明显的区别。在心理学上，参与被定义为对特定对象或情境的动机连续体，参与涉及基于内在需求、价值和附加在那个情境或物体上的利益。因此，参与决定了用户体验的意义和价值，这里需要关注的并不是什么能够刺激玩家持续地玩游戏，而是理解游戏的意义和个人相关性。无论是想了解一些高端技术设备的用户体验，还是高峰时段地铁中的移动设备（手机），理解这些设备和体验的意义都是最重要的。无论是在消费者行为研究领域，还是在大众传播和大众传媒领域，参与都是一个核心和公认的概念。它包括两个截然不同但密切相关的方面：重要性和兴趣。重要性主要是关于刺激的意义和相关性的认知维度，而兴趣则由情感和价值相关的因素组成。另外，好奇心和在游戏中发现新东西的意愿很接近。奇怪的是，研究发现，第一人称射击游戏的参与性低于第三人称角色扮演游戏，但很难确切指出哪个游戏的元素对参与性影响最大。

总而言之，存在感和参与感表明了现实世界和游戏之间的切换自由程度，即玩家愿意与游戏的物理世界和社交功能形成关系的方式。用户存在感的获得是被动的，当电子竞技项目世界或系统非常接近现实世界时，用户就拥有较高的存在感，当然，漫画化的画面和外观也能够搭建一个充满存在感的游戏世界，这取决于此游戏世界运行逻辑是否贴近用户惯常接受的行为逻辑等，即游戏世界是否能让用户感觉他和其他的主体存在在一个空间内的能力。虽然参与感可能是构成存在感的重要部分，但是参与感是用户主动获得的，是用户出于某种动机而自发地参与到游戏世界中去，这种动机可能是因为兴趣所在，也可能是因为其重要性。当用户具有很强烈的自主意愿参与到游戏世界中，游戏世界又能够以合理、和谐的方式反馈给用户，就产生了用户所谓的存在感。

当用户认可其在电子竞技项目世界也就是游戏世界中有一席之地时，用户才能随之真正体会到世界给予的其他的感觉、情绪、情感和故事。

二、电子竞技用户体验的生物依据——心流

1. 心流的定义

美国心理学家在研究人的创造力时发现了最佳体验的特征，即在一个目标导向、规则约束的行动系统中，一个人感觉自己的技能足以应对手头的挑战，这为他的行动提供了清晰的目标和计划。他的注意力是如此集中，以至于没有剩余的注意力去想任何无关的事情，或担心问题。这时自我意识消失了，时间观念也被扭曲了，这种最佳体验即心流体验。一项能够产生这种体验的活动是如此令人满意，以至于人们愿意为了它本身而去体验它，而很少考虑将从中得到什么，即使它可能是困难的或危险的。所以许多的娱乐性项目、游戏、教学甚至是工作都致力于将自己的任务塑造成能够产生令人愉悦的、专注的、高效的心流体验。

这种体验是如何发生的呢？心流会偶然发生，因为外部条件和内部条件的一些幸运的巧合。虽然这种情况可能会自发产生，但更有可能的是，心流要么来自结构化的活动，要么来自个人让心流发生的能力，或者两者兼而有之。

2. 描述心流

心流模型的观点是，情绪会跟随某些特定的认知，在技能和挑战高度平衡的理想情况下，最佳心流状态就会显现出来。这种认知和情绪的紧密耦合在心理学的情绪认知理论中得到了广泛的认可，玩家的认知评估和相关情感结果提供了分析用户体验（从游戏开始的第一个小时到游戏的最终完成）的有效元素。

最初的心流模型是通过自创的经验采样法得出的结论。挑战难度和技能之间有一个平衡区域，当到达这个平衡区域就会产生心流体验（见图 5–11）。

研究者们分析了许多问卷后发现，当挑战和技能相平衡时人们并非总是有很好的体验，而其比例不平衡时也未尝不能感觉良好，这显然和起初的研究假设存在出入，故这一心流模型并没有被完全确证。

后来有学者得出八区间心流体验模型。只有在高挑战难度和高技能时，用户才能产生最佳心流体验（见图 5–12）。

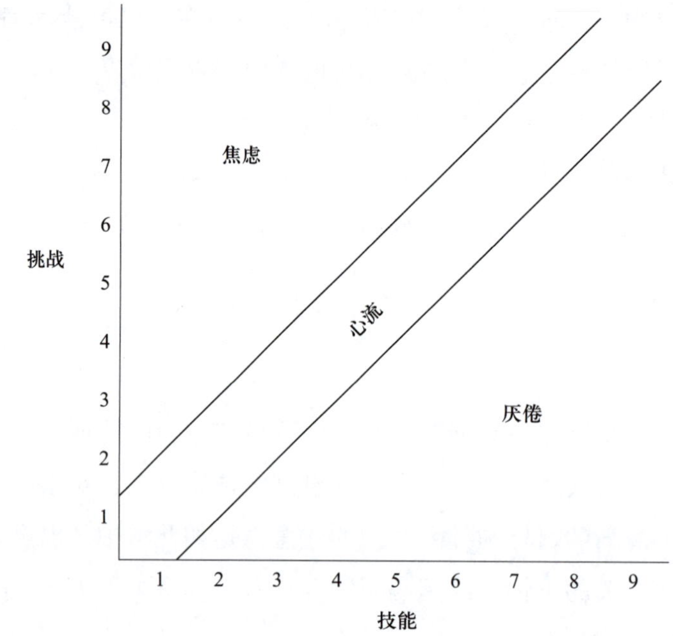

图 5–11　心流模型

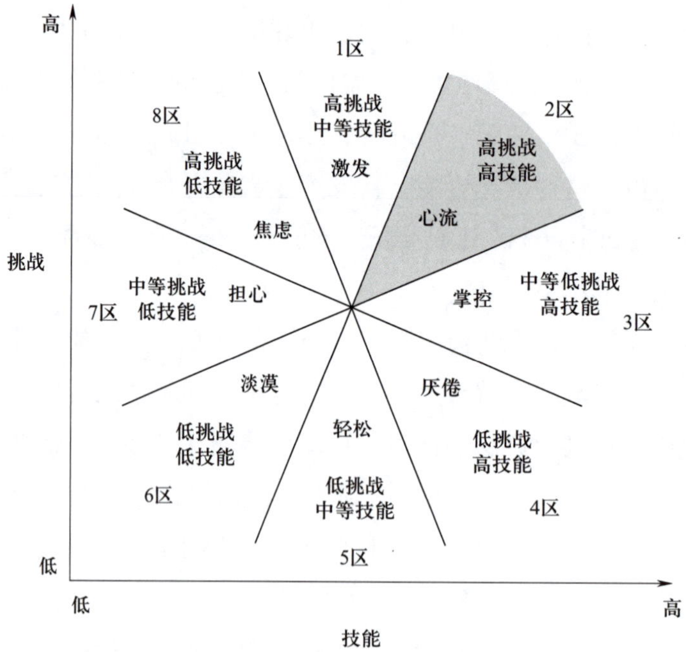

图 5–12　八区间心流体验模型

3. 构建心流

心流理论认为，包括控制感、觉醒水平、注意力集中、时间扭曲、自我意识的丧失，以及行动和意识的融合，这些都是构建心流体验的先决条件或相关因素。

流和存在感之间的理论重叠支持了存在是流动前提条件的发现，如注意力集中、沉浸等。在以往的研究中，失去自我意识和合并行动与意识一直是受访者难以认识到的。心流的实际状态通常被描述为容易做、享受和积极（快乐），以及没有无聊和焦虑。心流与玩耍性（认知自发性）和控制感有关。除此之外，游戏中还包含各种其他情感感受，如愉悦感、力量、体验印象、惊讶和兴奋。

与沉浸相关的要素可总结成 9 个，并可将其归纳为前提、特性和经验的结果 3 个集合，也认为这是心流产生的 3 个阶段：事前、经验和效果（见表 5–1）。

表 5–1　心流产生的 3 个阶段

事前	（1）明确的目标 （2）及时且明确的反馈 （3）应对挑战的适当技巧
经验	（4）行为和意识融为一体 （5）全神贯注、注意力集中 （6）控制感
效果	（7）自我意识的丧失 （8）时间扭曲 （9）体验本身即目的

游戏或电子竞技项目有着提供心流体验的天然优势，许许多多古老或现代的活动都源自于人类的游戏冲动，以及想要寻找快乐和愉悦感的动机。所以，心流体验是电子竞技用户体验非常重要的关键要素，如果说存在感和参与感是游戏给用户的邀请函，那么心流体验就是招待用户最吸引人的奖励，这种奖励让用户辛勤地、快乐地、自发地、高效地在游戏世界中耕耘。

学习单元 3　电子竞技项目用户体验管理

一、提升电子竞技用户体验的渠道

1. 能根据电子竞技项目体验的要求完成项目体验目标任务的分析

良好的用户目标任务分析需要解决下列问题（见表 5–2）。

表 5-2　任务分析问题列表

（1）哪些任务是常用的，哪些很少用到？ （2）哪些任务最重要，哪些任务最不重要？ （3）每个任务的具体步骤是怎样的？ （4）每个任务的结果是什么？ （5）每个任务的信息来自哪里，每个任务所产生的信息是如何使用的？ （6）哪些人做哪些任务？ （7）每个任务需要使用什么工具？ （8）执行每个任务会遇到什么问题（如果有的话）？如何给予反馈？如何给予帮助？不同任务之间如何进行关联？

除用户目标任务外，电子竞技项目的设计往往有不同方面的商业目标，例如，盈利、品牌推广等。有时，商业目标和用户目标是相辅相成的，例如，在体验经济时代下，切实提升产品的用户体验会带来产品销量的增长，为商家带来更多的利润，而利润又可以被重新追加投资以提高电子竞技的品质，将用户体验提升到一个新的水平。

2. 能根据电子竞技项目体验的要求确定项目组织的形式

通过电子竞技项目体验的要求明确工作职责权限，协调相互关系，管理诸要素合理有效地配合，形成一个有机整体的活动过程。能够设计、选择、确定体育组织机构和表现形式，以及把人、财、物、时间、信息等各种资源有效地配合，并按照我国电子竞技赛事组织管理研究实体规定的工作顺序和规范，实现电子竞技组织目标形式的动态过程。

3. 能根据电子竞技项目体验的要求确定项目体验的内容

视听元素的体验：包括多样化的视觉体验、个性独特的人物角色、华丽的游戏场景、贴合场景增加代入感的背景音乐，以及趣味性和引导性相结合的游戏对白。电子竞技操作的体验：易操作、人性化的体验、重视微操作并具备完美的执行过程。电子竞技界面的体验：客户端界面内容丰富，包括游戏新闻、赛事直播、角色信息、选手攻略等。信息与指引快捷，让新手用户对游戏基本操作有一个快速的了解。竞技规则体验：是否具有明确的团体作战目标，是否使用多变的战术引导、阵容配置及团队策略等，是否能满足竞技空间位置的随意性和竞技整体的平衡性。

4. 能根据电子竞技项目体验的要求完成体验团队的招募及建设（见表 5-3）

表 5-3 体验团队的招募及建设

团队成员构成： 用户体验设计师 信息架构师 交互设计师 界面设计师 视觉设计师（图形设计师） 可用性工程师 用户体验研究员
职责要求： 通过建立用户模型、故事板、竞品分析、头脑风暴、流程图、界面/产品原型、设计规范等方法，对电子竞技产品设计创意进行有效的评价交流；能够对新产品或已有产品进行界面设计并配合工程师实现，注重细节，提高产品的用户体验；能够配合产品经理、工程师，进行产品的概念原型设计及细化的交互设计，配合进行用户测试及分析

二、电子竞技用户体验的管理

1. 电子竞技项目体验组织的基本内容

组织一场大规模的电子竞技体验往往是一项融合诸多要素的综合性竞技活动，如组织机构设置、市场营销、人力资源管理、后勤规划等方面。所以现代意义上的体育竞赛已不仅是竞技场上的较量行为，而是发展成了一项涉及社会政治、经济、文化等多因素的、复杂的、综合的特殊事件或活动。任何组织都离不开处于社会环境中的人和人的活动，人、财、物、时间、信息、管理等诸因素必须围绕特定的目标来组合、配置和调整。因此，组织就不单纯是一种静态的构成，而是与时间、空间变化紧密联系在一起的，具有社会学意义的动态结构，“组织”实际上就是相对静态的组织机构和动态的组织活动过程的统一。

2. 电子竞技项目体验组织的基本结构

电子竞技项目体验组织各部门的具体职责如下。

综合部：主要负责组委会的综合协调工作。

竞赛部：主要负责竞赛工作的组织与实施，包括审核、制定、印发竞赛规章及竞赛规程；提出各项目竞赛承办地点及各项目竞赛场地、设备及器材规格要求；制定、安排各项比赛秩序册、成绩册；制定技术官员、裁判员、运动员参赛资格的审定标准；运动员参赛资格的审查和报名注册工作。

体验研究部：主要负责用户研究、实验设计、数据分析。

技术部：主要负责竞赛电子计算机系统的审核工作，按照电子信息服务系统的整体方案，做好注册登记、多媒体查询、电子商务、新闻信息发布的各项准备工作，做好电子信息系统联合调试、软件开发、系统服务与场馆之间的技术协调工作。

市场部：主要负责组委会市场开发方案的策划及实施，综合协调组委会的集资工作；负责组委会无形资产的开发工作；办理各种专利、广告、比赛器材招标、购置等事宜。

3. 电子竞技项目体验的时间管理

（1）定义电子竞技项目活动。电子竞技体验项目进度计划首先需要对项目活动进行定义。制订项目进度计划需要明确项目中包括哪些项目活动或程序，而这项工作的完成需要在项目范围管理的基础上进行。即首先明确整个项目的范围，并应细化到最基础的工作，包括项目活动期望完成的持续时间、期望的成本以及资源需求。

（2）电子竞技体验项目活动排序。根据项目活动之间的关系对项目活动的先后进行排序，形成文字说明或表格形式的文档来记录该内容，为项目进度计划的制订提供依据。

（3）估算电子竞技体验项目活动时间。估算项目活动时间指的是评定每个单项活动完成所需要的工作持续时间。只有在估算项目活动完成之后才能进行工作计划的制订以及项目进度控制。项目活动时间的估算会受到项目成本与项目资源等约束条件的限制。

（4）编制电子竞技体验项目进度计划。通过项目活动的定义和排序、活动时间的估算，以及考虑项目成本、项目资源等约束条件之后，就可以进行项目进度计划的编制。项目进度计划包括项目的开始与结束时间，以及具体的项目实施方案和措施。

4. 电子竞技项目体验的成本管理

影响电子竞技体验项目成本的因素主要如下。

（1）项目范围。影响电子竞技体验项目成本最重要的因素是项目范围。项目范围规定了项目需要做哪些事情及所做事情的难度和复杂程度。从广度上讲，项目范围越大，项目需要做的事情就越多，项目成本也会越高；反之，项目成本就会越低。从深度上讲，项目需要做的事情越复杂、难度越大，项目成本就越高；

反之，则成本越低。

（2）项目质量。体验项目质量的要求会影响项目成本。项目质量要求高，就需要使用质量高的资源，从而使项目成本升高；反之，项目质量水平要求低，则项目成本就会降低。

（3）项目工期。项目成本与项目体验时间相关，会随着时长的变化而变化。体验项目本身有合理的时间区间，高于这个时间周期，耗费的资源就多，使项目成本上升；低于这个合理周期，则需要增加资源占用的边际成本，同样也会使成本上升。

（4）目标原则。通过建立科学的费用估算与控制体系，将费用的估算转化为可控制的预算目标，包括成本设定与分解、责任的到位与执行、执行的结果与修正目标等内容。

（5）集成原则。项目成本、进度和质量以及相应的技术是相互联系、密不可分的。项目成本管理不能脱离技术管理和进度管理而独立存在。因此，需要在成本、质量、技术和进度等之间的关系上进行综合平衡、集成优化。

（6）全面动态成本管理原则。全面管理包括全员参与和全过程控制。成本涉及设计、技术、基础管理等项工作，要真正实现成本最优化的目标，需要项目管理人员、技术人员、执行人员共同参与，明确职责，上下结合，保证成本管理落到实处。同时对项目过程中的每项活动所发生的成本进行细化、优化，实现全过程控制。

5. 电子竞技项目体验的质量管理

确保电子竞技体验项目的相关硬件设施不存在严重质量问题，以免影响正常操作和使用感受。

确保竞技主体与相关服务人员之间保持良性、和谐的互动关系。

6. 电子竞技项目体验的人员管理

（1）职能匹配原则。电子竞技体验项目团队成员的能力需要与岗位要求的能力匹配，岗位所要求的能力应是工作承担者必须具备的，而工作承担者也能胜任该岗位的要求。每种职位所要求的能力不同，组织团队应尽可能人尽其才。

（2）动态调整原则。在项目开展过程中，根据项目体验人员在体验中的信息反馈，适时地对人员配置进行动态调整，以保证始终将合适的人安排在合适的位置上。

7. 电子竞技项目体验的风险管理

（1）电子竞技体验项目风险管理规划。项目风险管理规划是确定如何在项目过程中开展项目风险管理活动的规划安排，这一工作给出的项目风险管理计划书是整个项目风险管理的指导性文件。不管是对有预警或者无预警的项目风险都需要制定风险管理规划，需要在项目风险管理规划中记录和说明如何在项目全过程中开展项目风险的各项活动和分配项目风险管理的职责等。

（2）电子竞技体验项目风险的识别。识别和确定项目究竟存在哪些风险以及这些风险影响项目的程度和可能带来的后果，其主要任务是找出项目存在的风险，识别引起项目风险的主要因素，并对项目风险后果做初步的定性估计。项目风险识别工作要采用演绎和推理等方法对项目风险做出识别和推断。

（3）电子竞技项目风险应对。项目风险应对是一项根据项目风险识别和评价结果，计划和安排项目风险应对措施并分配相应资源的工作。通过风险损失分析、效益分析、效用分析、多因素分析和集成分析等方法，根据分析结果来决定项目风险应对措施。为了避免出现项目风险应对中得不偿失的情况，要尽量减少风险应对措施的成本，全面考虑由此可能带来的风险收益，并且根据项目风险应对的收益，决定是否需要付出代价去应对项目风险。

课后练习

对电子竞技项目用户体验的评估是如何改进项目本身的，你所熟悉的电子竞技项目有做出过这样的改变吗？